AF664810

Il est « parti »

Gauthière Bodd

Il est « parti »

LE LYS BLEU
ÉDITIONS

© Lys Bleu Éditions – Gauthière Bodd

ISBN : 979-10-422-0195-1

Le code de la propriété intellectuelle n'autorisant aux termes des paragraphes 2 et 3 de l'article L.122-5, d'une part, que les copies ou reproductions strictement réservées à l'usage privé du copiste et non destinées à une utilisation collective et, d'autre part, sous réserve du nom de l'auteur et de la source, que les analyses et les courtes citations justifiées par le caractère critique, polémique, pédagogique, scientifique ou d'information, toute représentation ou reproduction intégrale ou partielle, faite sans le consentement de l'auteur ou de ses ayants droit ou ayants cause, est illicite (article L.122-4). Cette représentation ou reproduction, par quelque procédé que ce soit, constituerait donc une contrefaçon sanctionnée par les articles L.335-2 et suivants du Code de la propriété intellectuelle.

À Maman,
Aux familles de disparus

Avant-propos

Vingt ans après la disparition de mon frère Yves et après plusieurs tentatives d'écriture, je me décide une nouvelle fois à reprendre mon texte, témoignage de notre drame familial. Je conserverai uniquement son prénom en hommage à sa mémoire. Les autres seront modifiés.

Cet ouvrage est dédié aux familles de disparus, afin de partager avec elles, notre parcours pour retrouver l'être cher.

Prologue

« Il est parti », nous dira simplement sa femme ce 25 février 2004.

Parti ? Mais pourquoi ? Pour où ? Comment ?

Toutes ces questions, je les tournerai en boucle dans ma tête trois mois durant, en quête de mon frère disparu, restant injoignable du jour au lendemain.

Yves, mon aîné de deux ans, mon complice, mon double au masculin.

Le 1er juin 2004, convoquée dans les locaux de la Police Judiciaire arrive à mes oreilles ce que je n'aurai jamais voulu entendre. Ce jour-là, mon cœur se brise. Plus rien ne sera jamais comme avant.

Parallèlement au Tsunami qui frappe l'Asie du Sud-Est cette même année, je vivrai un phénomène d'une égale intensité qui bouleversera ma vie et fera éclater ma famille quelques années plus tard.

Je retrouverai mon frère, quatorze mois après son « départ » mais ignore toujours ce qui lui est réellement arrivé. Aujourd'hui encore, de nombreuses interrogations subsistent.

Première partie

Yves est « parti »

25 février – 1er juin 2004

1
27 février 2004

Ce matin-là, Joël partit plus tardivement que de coutume pour son entraînement quotidien. Par tous les temps, il parcourait ses cinquante kilomètres de vélo sur les routes de campagne du sud francilien.

Au moment de quitter la maison, il chercha partout son téléphone et le découvrit enfin sur le rebord de la fenêtre.

« Ah te voilà toi ! »

Peu intéressé par les nouvelles technologies, il préférait toutefois l'avoir avec lui quand il sortait.

« On ne sait jamais. Je peux en avoir besoin, si je crève. »

Un dernier thé chaud avant de sortir.

La nuit avait été fraîche. Les toits des maisons et les jardins étaient couverts de givre. Les routes verglacées. Il lui faudrait être prudent. Pas question de prendre de risque. Heureusement, son équipement adapté lui permettait d'affronter les frimas de l'hiver : cagoule, gants, sous-vêtements chauds et sur-chaussures. Il se glissa en silence dans le garage où l'attendait son VTC dernière génération qu'il s'était offert récemment.

Le jour commençait à peine à se lever. Il aimait partir au petit matin quand la maison était encore endormie. Précieux instant de calme avant l'agitation de la journée. Il enfourcha son vélo après avoir étudié une dernière fois son itinéraire. Ce jour-là, il passerait par la forêt des rochers verts, un lieu qu'il affectionnait particulièrement. Les blocs de grès y étaient nombreux, surplombés par des chênes majestueux et de vertigineux pins maritimes. À l'automne, il aimait s'y balader avec sa compagne et retrouver son petit coin de cèpes qu'il gardait confidentiel, même pour ses amis. Quelle chance d'habiter près de cette forêt si belle en toute saison dont il aimait fouler les sentiers, humer les odeurs, écouter les hôtes ! Au printemps, à la lisière du sous-bois, les jacinthes sauvages formaient un immense tapis bleuté.

Joël avalait tranquillement les kilomètres pour s'échauffer. Il ne faisait vraiment pas chaud. Il ne sentait plus le bout de ses doigts ni de ses orteils. Progressivement, il accéléra la cadence et trouva son rythme.

Rares étaient les voitures qu'il croisait à cette heure matinale sur cette route départementale. L'air glacial lui cinglait le visage. C'était vivifiant, il aimait cette sensation.

Soudain, interpellé par une odeur particulière, il ralentit.

Une fumée s'élevait au-dessus de la forêt. Non, ce n'était pas de la brume matinale, il en était certain. Intrigué, il s'approcha et reconnut le petit parking où il avait l'habitude de stationner quand il partait randonner. Il adossa son vélo contre un arbre et avança prudemment dans le sous-bois en direction de la fumée. Sur ses gardes, il continuait de progresser lentement.

Soudain, il poussa un hurlement.

Une masse informe posée sur une bâche se consumait lentement.

Joël se figea, incapable d'aller plus loin. C'était un être humain, il en était presque certain.

« Au secours ! À l'aide ! » hurla-t-il.

Repartant comme un fou vers son vélo, il sortit son téléphone de la poche de son maillot et d'une main tremblante pianota le 112.

2
Yves

Yves était le troisième enfant et seul garçon de notre fratrie. Arrivé un 23 septembre 1959 sous le regard de ses parents attendris, il fit la joie de ses deux sœurs : Jeanne, l'aînée, une petite blondinette placide de cinq ans et Camille, la cadette, plus rebelle, qui avait hérité de son père le même regard méfiant sur le monde et un caractère inflexible.

À la naissance de leur fils tant espéré, le bonheur de nos parents fut total. Quelle fierté pour mon père de pouvoir enfin transmettre son nom ! Autre époque, autre priorité. Issu de la vieille école et de la petite bourgeoisie de province, il projetait en son fils unique tous ses espoirs inassouvis.

Afin d'équilibrer la fratrie, mes parents souhaitèrent lui offrir rapidement un petit frère. Déjouant leurs pronostics, j'arrivais petite fille souriante et potelée dans les premiers jours d'août, vingt-trois mois après Yves qui découvrait avec joie sa jeune sœur malicieuse.

Les années passèrent insouciantes. Mon frère fut le précieux compagnon de jeux de mon enfance. Nous aimions construire des cabanes végétales faites de branches, de mousse et de feuilles dans le grand et merveilleux jardin dont Maman prenait soin avec passion. Yves décida un jour d'y construire un poulailler digne d'un hôtel quatre étoiles pour gallinacées ! Un magnifique potager lui permettait aussi de cultiver fruits et légumes bio avant l'heure. Il avait un sens aigu du commerce. Il revendait ses œufs à Maman qui se chargeait de nourrir ses poules !

Proche de lui, je détestais être mise à l'écart quand il jouait avec Camille. Je n'avais plus la même importance à ses yeux. Cela me contrariait. Je voulais l'avoir pour moi toute seule.

Nos jeux étaient variés et débordants d'imagination. Du bac à sable aux sorties entre amis, que de moments précieux nous avons partagés ! Confidences, bagarres, complicité, nous avons vécu vingt ans de souvenirs fraternels merveilleux. Je me souviens de parties de boxe hilarantes armés de grosses chaussettes de laine en guise de gants. Je souris à l'évocation d'une séance de coiffure durant laquelle mon frère s'exerça à quelques coups de ciseaux anarchiques sur ma chevelure. Le regard effaré de notre mère nous en dit long sur la créativité de cette nouvelle coupe ! Nous chahutions souvent le soir. Je me revois les cheveux collés par de la gelée de pommes maison étalée consciencieusement par mon frère, ne sachant si je devais rire ou pleurer.

Complicité, chahuts, disputes, rires, pleurs. Avec Yves, nous nous aimions de cet amour fraternel qui n'avait pas besoin de mots pour exprimer tout l'attachement que nous avions l'un pour l'autre.

Je lui pardonnais tout. Il était beau comme un dieu avec ses yeux gris bleu et sa tignasse brune. Nous avions le même sourire d'enfants heureux choyés par une mère *au foyer*, statut courant pour les femmes dans les années soixante. Maman gérait sa petite tribu avec beaucoup de patience et d'amour pendant que Papa s'activait dans la scierie familiale. Parallèlement à son activité professionnelle, il voguait de réunion en réunion. Président de club, trésorier d'association, il affectionnait particulièrement ces statuts. Il s'essaya un jour en politique mais se calma vite, se prenant un revers aux élections municipales de son village.

Enfance protégée, surprotégée, devrais-je dire par les multiples mises en garde de notre père qui nous incitait à nous méfier de tout et de tout le monde. À voir des dangers partout.

Heureusement, nous avions une grande famille et nos nombreux cousins cousines remplaçaient les copains *personae non grata* à la maison. Tendres souvenirs de repas familiaux filmés par la caméra super huit greffée à la main de notre père. Il adorait fixer l'instant sur la pellicule pour nous proposer ensuite des séances-cinéma avec son projecteur et son écran.

À la fin des années soixante, la télévision entra dans tous les foyers excepté le nôtre. Mon père trouvait les programmes trop peu instructifs. Nous faisions figure d'extra-terrestres devant nos copains. Lorsque je voulais regarder le petit écran, je devais me rendre chez ma grand-mère à pied, car le vélo, déclaré dangereux, était aussi interdit. Je m'abreuvais d'images et dévorais tous les feuilletons de « Samedi est à vous ». Cette émission offrait aux téléspectateurs de composer leur programme. « Mission impossible », « les Mystères de l'ouest », « Tarzan », « les Chevaliers du ciel » et autres séries bien connues des natifs des sixties n'eurent bientôt plus de secrets pour moi ! Je rentrais le soir saoulée d'images. Cela restait une de mes rares sorties autorisées qui m'offrait un peu d'évasion. Tout comme mes lectures quotidiennes qui venaient peupler mon imaginaire et parfaire mon orthographe.

À l'adolescence, Jeanne l'aînée n'osa pas défier l'autorité paternelle. Camille fut la première à oser se rebeller. Yves s'accrocha également avec lui. Ils avaient d'interminables discussions dans lesquelles notre père le mettait en garde contre tous les dangers de la société. Aucun copain n'était suffisamment bien pour nous. Il voulait toujours savoir la situation professionnelle des parents. Il jugeait sans connaître.

Le chemin serait plus facile pour moi, la petite dernière, mon frère et ma sœur m'ayant ouvert la voie.

Très soucieux du « qu'en dira-t-on » mon père voulait des enfants irréprochables et ne leur passait rien. Hors de question que ses filles sortent avec le premier venu. Pour son fils, il était plus tolérant. Ce qui ne l'empêchait pas de s'accrocher avec lui régulièrement.

Nos amis le redoutaient et l'évitaient. Son regard bleu glacial en évinçait plus d'un. Son « allo » tout aussi froid décourageait ceux qui se risquaient à appeler sur le téléphone fixe familial. Dans les années quatre-vingt, ni portable ni internet.

Malgré cette stricte éducation, nous vivions des moments heureux d'une famille sans histoires.

Adolescents, nous nous sommes rapprochés encore davantage avec Yves, soudés face à une autorité paternelle que nous supportions de moins en moins. Dès que je fus autorisée à sortir en soirée, aux alentours de dix-sept ans, mon père exigea de mon frère que lui et lui seul me ramène à l'heure fixée, généralement minuit ou une heure du matin. Il mettait son réveil pour vérifier si l'horaire avait bien été respecté !

Évidemment, je côtoyais la même bande de copains que mon frère qui leur déléguait avec plaisir son rôle de « garde-du-corps ».

Yves et moi adorions danser. Nous avions appris ensemble. Lorsque mes parents sortaient dîner, nous invitions son meilleur copain à venir danser le rock'n'roll. Notre sœur Camille se joignait à nous. Nous déposions avec empressement les vinyles sur la platine avant de nous élancer sur les airs de Be Bop a Lula, Just a gigolo, Rock around the clock et autres titres phares. Grâce à ces entraînements improvisés et de façon totalement autodidacte, nous sommes devenus les meilleurs danseurs de la bande. Avec Yves, j'aurais pu tournoyer jusqu'au bout de la nuit. Mais ses groupies l'attendaient sur le bord de la piste ! Très séduisant, il aimait leur compagnie. Toutefois, la présence de ses copains lui était tout aussi indispensable.

Adolescent, il travaillait chaque été à la scierie pour s'offrir des vacances avec ses copains et se payer son permis de conduire, gage d'indépendance. Il apprit à manier sur le chantier les machines les plus dangereuses : fendeuse de billes, écorceuse, scies multiples, cloueuse… Il aimait ce travail en extérieur.

Avec sa première paie, il s'acheta une chaîne Hi-Fi. Yves adorait la musique. Elle l'accompagnait partout. Il avait une collection de disques impressionnante, à faire pâlir les collectionneurs d'aujourd'hui. Je contemple parfois avec nostalgie ces vinyles qui ont rythmé notre jeunesse, nous les écoutions avec bonheur. Même petit pincement au cœur lorsque je regarde les photos papier aux couleurs passées, témoins d'une époque où le numérique n'existait pas. On prenait le temps d'observer chaque photo et de la commenter. Désormais nos prises de vues s'amassent dans nos portables et nos ordinateurs, délaissées aussi rapidement qu'elles ont été prises.

J'allais également de temps à autre travailler dans l'entreprise familiale. J'y effectuais quelques tâches administratives ou des heures de ménage afin de me faire aussi un peu d'argent de poche qui n'était pas dans les habitudes de nos parents. L'argent se méritait. Le lavage des voitures, la tonte de la pelouse ou les séances de repassage nous permettaient de gagner une pièce rapidement dépensée dans quelque menu plaisir.

Lorsque j'étais avec Yves au travail, je l'observais du bureau. J'étais fière de le voir aller et venir sur le chantier, s'activer auprès des fidèles ouvriers, fabriquer avec eux caisses et palettes. J'aimais l'odeur du bois qu'il véhiculait, si particulière, effluves de sève et de vie. Les bureaux, deux simples conteneurs bardés de bois, étaient imprégnés de ce même parfum. Nous nous entendions aussi bien au travail que dans le cadre familial.

Mon frère était volontaire, travailleur et courageux, mais les études n'étaient pas son fort. Après un début de cursus en droit, il avisa notre père de sa décision de les arrêter. Il partit faire son service militaire dans la gendarmerie, service qui, à l'époque, était obligatoire. Il devait souvent se rendre sur les accidents de la route et préférait s'occuper de la circulation plutôt que d'avoir à gérer les blessés. Il ne supportait pas la vue du sang. Je me souviens m'être retrouvée allongée à ses côtés sur le même brancard après notre première prise de sang ! Nous étions les mêmes.

À la fin de son service, on lui proposa de s'engager. Yves avait d'autres projets en tête. Il voulait reprendre la scierie familiale. Notre père se réjouissait d'une telle décision. La relève était ainsi assurée. Mon frère devint tout naturellement son bras droit.

Mais l'entreprise connut des difficultés financières en 1974 et en 1979, lors des deux crises pétrolières. Des investissements inopportuns cumulés à une forte pression des banques et à de graves problèmes de santé obligèrent notre père à déposer le bilan en 1987.

Quelle déconvenue pour un ancien président du tribunal de Commerce habitué à trancher pour d'autres confrères en difficulté !

Coup dur aussi pour Yves qui se retrouva sans emploi à vingt-huit ans. Il dut envisager une reconversion professionnelle. Il hésitait à partir au Gabon travailler dans l'exploitation forestière d'un ami de son père ou à suivre une formation de chauffeur routier international. Ces deux projets l'auraient obligé néanmoins à s'éloigner de chez lui et de sa famille. Je ne fus pas surprise de le voir abandonner ces idées-là, lui si attaché aux siens et à sa région. Entrepreneur dans l'âme, il trouva sa voie dans la rénovation. Mes parents, ayant déménagé, prévoyaient des travaux dans leur nouvelle maison. De nombreux artisans intervenaient chez eux : plombier, maçon, électricien, plaquiste, peintre. Yves apprit son nouveau métier à leur contact. Autodidacte, il appréciait ce nouvel univers dans lequel il finit par exceller.

Il créa sa propre entreprise de rénovation et d'agencement puis, grâce à son important réseau, développa rapidement sa clientèle, fort satisfaite de ses prestations. Hormis ses retards légendaires et son bavardage incessant, tout le monde le trouvait sympathique, travailleur et bon vivant. Ses qualités d'excellent bricoleur lui permirent de restaurer une vieille longère et ses dépendances acquise en 1987. Il mit plusieurs années à rénover les différents corps de bâtiments, y passait tous ses week-ends et son temps libre. Il emménagea d'abord dans la petite maison d'amis retapée en priorité et put ainsi habiter sur place pour continuer les travaux dans la maison principale. Cet endroit avait un charme fou. Une petite source coulait au milieu du jardin. De nombreux rosiers anciens, taillés avec passion chaque année par Maman, ornaient cet espace bucolique. Des écuries accueillaient de temps à autre un cheval que mon frère, cavalier émérite, montait avec élégance. Qu'il était beau sur sa monture !

En quelques années et au prix de beaucoup de sacrifices, il transforma cet endroit en une superbe propriété. Ses nombreux amis aimaient le rejoindre pour un dîner ou une fête improvisée. D'un naturel sociable, il était généreux avec tout son entourage et dépensait sans compter. Les fêtes chez lui étaient mémorables ! Il avait toutefois tendance à confondre amis et relations. Qu'importe, il voulait être entouré, détestait la solitude, comme notre père. Toujours le sourire aux lèvres, il liait facilement connaissance. On ne s'ennuyait jamais avec lui, il avait toujours quelque chose à raconter. Il voulait « profiter de la vie », conscient peut-être qu'elle serait courte.

Les uns après les autres, les amis d'Yves fondèrent leur famille. Il les vit s'éloigner à regret et continua sa vie de célibataire, regrettant le temps des copains. Cœur à prendre, il était très courtisé. C'était « un beau parti ».

3
La fille préférée

Fiona est née un 21 juin 1961, la même année que moi. Nous aurions pu nous entendre, cela n'a jamais été le cas.

Je fis sa connaissance lors d'une fête improvisée. Elle sortait avec un de nos amis mais je ne l'avais encore jamais rencontrée. Brune aux longs cheveux, plutôt jolie, charpentée et exubérante, elle aimait attirer les regards. Je la trouvais sympathique mais avais noté son caractère bien trempé.

Je m'aperçus rapidement qu'elle arrivait toujours à ses fins. Yves sortait à l'époque avec sa sœur Fanny, une jeune fille simple et discrète. Fiona n'hésita pas une seconde à lui « emprunter » son amoureux.

Peu attirée par les études, elle travaillait comme serveuse dans le restaurant de sa mère, au sein d'un petit village touristique. Son père, Félix, artiste peintre et enfant de la DDASS, trouvait dans la peinture un refuge à ses souffrances. Personne n'avait accès à son atelier. C'était son antre.

Il n'avait d'yeux que pour sa fille aînée. Les parents aimaient faire la fête et le restaurant « Les Copains d'abord » était le point de rendez-vous de leurs amis. L'alcool y coulait à flots. Une façon de vivre joyeuse, rythmée par la vie du restaurant.

Lorsqu'Yves franchit le seuil de ce lieu convivial, Fiona fut sous le charme. Elle jeta son dévolu sur lui tout en connaissant son aventure avec sa jeune sœur. Peu lui importait. Elle fit irruption dans sa vie au bon moment. Yves avait très envie à cette époque de fonder une famille. Il n'avait pas encore trouvé la future mère de ses enfants, celle qui vivrait avec lui sous le même toit.

Ce fut chose faite. Elle s'installa chez lui rapidement.

Justin naissait peu de temps après, dieu vivant aux yeux de sa mère et portrait craché de son père. Trois ans plus tard, Fiona accouchait d'une petite Manon, lui ressemblant cette fois-ci trait pour trait. Paul viendrait compléter la fratrie en 1999 à la suite de nombreuses fausses couches expédiées sans état d'âme par Fiona dans les toilettes. Le benjamin, un frêle blondinet, ne faisait l'objet d'aucune attention. Laissé pour compte, le petit restait souvent mutique. Il avait le regard fuyant et ne souriait jamais. Manon veillait sur lui comme une vraie petite maman.

Dans la vie, Fiona avait une façon de se comporter très théâtrale. Elle employait régulièrement un ton surjoué et raffolait amuser la galerie. Elle n'hésitait pas à faire le pitre, du moins au début. Je me souviens d'un dîner au cours duquel nous nous étions déguisées en « vamps », les stars comiques de l'époque. J'adorais m'amuser, mais j'eus du mal ce soir-là à la suivre dans son interprétation plus vraie que nature. Elle aurait dû faire du théâtre. Peut-être avait-elle raté sa vocation ?

Elle jouerait un rôle tout au long de sa vie.

Au fil du temps, je me sentais de plus en plus mal à l'aise avec elle. Son côté exubérant me dérangeait. Elle en faisait trop. Toujours dans l'excès. Je n'arrivais plus à être moi-même en sa compagnie. Un malaise diffus s'emparait de moi sans que je puisse m'expliquer pourquoi.

Je ressens cela avec certaines personnes, heureusement de plus en plus rarement car je les devine et me tiens à distance désormais. Une sorte d'instinct animal, peut-être dû à l'éducation de mon père, méfiant en tous points.

Fiona était une forte tête, comme sa mère Fabienne. Tout son entourage l'assurait. D'ailleurs les deux femmes s'affrontaient souvent. Elles avaient le même caractère. Le père et la benjamine étaient des êtres plus tempérés.

Tout à leur travail, Fabienne et Félix s'occupaient peu de leurs filles confiées régulièrement à leur grand-mère maternelle et menaient une vie de bohème entre le restaurant et la galerie.

Fiona était la préférée de son père qui laissa cette phrase lui échapper malencontreusement lors d'une conversation. Il ne savait pas que ses propos seraient un jour rapportés à sa benjamine !

Félix adorait Yves qui représentait le fils qu'il aurait tant aimé avoir. Tous deux refaisaient le monde jusqu'au bout de la nuit quand ils se voyaient. Ils se confiaient l'un à l'autre, chose qu'Yves n'arrivait pas à faire avec son propre père. Fiona était-elle jalouse de cette complicité ?

« J'étais comme son père », dit-il un jour aux policiers.

Cet homme, à la sensibilité exacerbée, est mort de chagrin quelques mois après la disparition de son gendre. Sa fille Fanny l'a rejoint quelque temps plus tard.

4
Finances en péril

L'argent a toujours été un leitmotiv chez Fiona. Elle était capable de laisser passer beaucoup de choses en échange d'une liberté d'action côté finances. Elle trouva en mon frère un homme au physique agréable et surtout à la situation financière confortable. Jusque-là, Yves n'avait jamais rencontré de souci financier. Il savait gérer son argent.

Lorsqu'elle s'installa chez lui, elle eut l'idée saugrenue de vouloir ouvrir une épicerie de luxe dans le village de cinq cents âmes où ils habitaient. Aucune étude de marché n'avait été faite préalablement. À l'époque, il était plus difficile de se faire connaître, les réseaux sociaux n'existaient pas.

Mon frère engagea alors de gros travaux pour modifier une partie de sa maison et y installer le nouveau commerce. Le petit caprice de Fiona lui coûta fort cher car elle ouvrait son magasin au gré de ses envies et confondait bénéfice et tiroir-caisse. Yves dut contracter un nouveau prêt à la banque pour pouvoir joindre les deux bouts. Il n'arrivait plus à payer ses fournisseurs, les chantiers prenaient du retard et ses clients ne le réglaient pas. Il fut plusieurs fois aux abois financièrement et décida à contrecœur de vendre sa propriété afin d'épurer ses dettes. J'en étais navrée pour lui. Je savais qu'il y était très attaché. Il s'y était énormément investi et y avait de merveilleux souvenirs.

Après avoir vendu sa jolie maison qui trouva rapidement preneur, il emmena femme et enfants pour un magnifique séjour dans un Relais et Châteaux à Belle-Île-en-Mer. Nous y étions souvent allés avec nos parents étant enfants. Yves avait-il ressenti le besoin de retourner sur le lieu de vacances de son enfance ? Il invita Maman et Jeanne à se joindre à eux. Je me réjouis aujourd'hui qu'il ait pu leur faire profiter de cette courte mais heureuse escapade.

À son retour, je conseillais à mon frère de racheter rapidement un autre bien afin de ne pas dilapider son capital. Il ne m'écouta pas. Le couple continuait son train de vie bouillonnant. L'argent filait à vive allure, les comptes se vidaient progressivement. L'orage s'annonçait.

Fiona avait très envie de changer de région. Yves, pas du tout. Plutôt que de racheter, ils louèrent une maison dans un département limitrophe, à la grande satisfaction de Fiona. En éloignant mon frère de son lieu d'origine, elle réussissait à le couper de ses copains et de sa famille. Plus personne ne venait chez eux dans ce village isolé de l'Essonne.

Je m'y rendis une seule fois. Mon frère était seul ce jour-là. J'étais attristée de le voir installé dans cet endroit sans âme qui lui ressemblait si peu. Nous n'y étions jamais conviés. Seules Maman et Jeanne y allaient de temps à autre.

Quelques années plus tard, ils déménagèrent à nouveau, toujours en location, dans le même village. Une maison plus grande avec une dépendance et un jardin clos.

Ah si les murs pouvaient parler !

5
Sorties autorisées

Très tôt après la naissance de leur aîné, Fiona commença à laisser son époux sortir seul. Elle préférait rester avec leur fils.

— Sors sans moi ! Cela ne me dérange pas, je suis bien à la maison.

— Allez, fais-moi plaisir, viens pour une fois ! Maman sera contente de s'occuper de Justin, tu ne lui donnes jamais à garder !

— Ma mère ne l'a pas davantage !

— Elle a son restaurant à gérer, elle n'a pas le temps. La mienne est disponible !

Fiona ne voulait rien entendre.

Dépité, Yves allait de temps à autre boire un verre ou manger seul au restaurant, déçu de ne pouvoir partager avec sa femme quelques instants de complicité. Il aimait trouver une oreille attentive à ses préoccupations. Il lui arrivait de terminer la soirée en boîte de nuit pour y écouter de la musique et danser comme il aimait si bien le faire. Il dormait ensuite chez ses beaux-parents qui habitaient dans le village. Cela lui évitait de prendre le volant.

Parfois Fiona venait le chercher tel un adolescent ramené par sa mère après une soirée. Elle se montrait très tolérante à son égard et le laissait libre de mener une pseudo-vie de célibataire, ce qui n'était pas pour déplaire à Yves. Elle avait compris comment il fonctionnait. Mais tout avait un prix et la mainmise sur la carte bleue lui convenait parfaitement en échange. Elle n'hésitait pas d'ailleurs « à la faire chauffer ! » Elle lui laissait croire qu'il menait la barque. En réalité c'était elle qui tenait les rames. Fiona semblait s'accommoder fort bien de cette situation, se vantant auprès de ses « amies » de laisser son mari sortir « en célibataire ». Elle leur reprochait de ne pas être assez « cool » avec leurs conjoints. Elle profitait de ses moments de solitude avec son aîné pour lui donner une place qui n'aurait jamais dû être la sienne. Justin prenait l'habitude d'occuper le lit conjugal en l'absence de son père. Sa mère cédait à tous ses caprices.

En rentrant, Yves n'avait d'autre choix que d'aller dormir… dans le lit de son fils.

Le samedi, il aimait l'emmener sur ses chantiers. Le petit garçon apprit beaucoup à ses côtés. Yves le laissait facilement manier la scie et le marteau. À douze ans il était déjà extrêmement habile de ses mains, un as du bricolage ! Il voulait devenir artisan comme son père. Précieux souvenirs pour lui que ces moments passés en tête à tête.

Troublant copier-coller que ce beau gamin aux cheveux bruns et au sourire ravageur.

6
Brouillés

Notre père fut emporté en quelques jours par un AVC à la suite d'un voyage en train. Amoureux des rails et de tout ce qui roulait dessus, il possédait une collection de trains miniatures époustouflante. Il accumulait locomotives, wagons et autres pièces de collection comme un enfant, mais les faisait rarement fonctionner.

— Papa, on va au train ? lui demandions-nous le dimanche après-midi.

Il avait dédié une pièce du sous-sol à l'installation d'un fabuleux circuit. Nous n'y avions accès qu'en sa présence. Nous adorions prendre les commandes des transformateurs, manipuler les aiguillages, faire la course entre deux convois. Notre père préférait collectionner. Je compris à l'âge adulte les raisons de son hésitation à nous confier ces fragiles petits bijoux auxquels il était si attaché.

Il dit un jour à Maman :

« S'il t'arrive un coup dur et que je ne suis plus là, tu pourras toujours vendre cette collection qui représente une certaine valeur ».

Il était loin de s'imaginer à quelle terrible tragédie nous allions devoir faire face quelques années plus tard. La vente de cette collection permettrait, selon son souhait, de nous aider financièrement au moment opportun.

Vieillissant et malade, il se disputa un jour avec Yves à propos de terrains qu'il avait acquis quelques années auparavant. Il pensait avoir réalisé l'affaire du siècle ou tout du moins un investissement opportun, ce qui n'était pas le cas. Ces terrains, non constructibles dans l'immédiat, lui coûtaient davantage qu'ils ne lui rapportaient. Mon frère lui conseillait de les vendre. Notre père s'y opposait. Pour afficher son mécontentement, Yves coupa toute relation avec lui pendant un mois. Nous étions mi-avril 1997.

À l'occasion du 1er mai, regrettant cette coupure affective, il envisagea d'aller porter un petit brin de muguet à son père, puis y renonça finalement. Sans doute par négligence.

Notre père mourut le 11 mai 1997. Yves ne l'a pas revu conscient. Ils n'ont pas pu se réconcilier. Mon frère ne s'en est jamais remis. À la suite de cela, il enchaîna les erreurs.

7
Un mariage rock'n'roll

Quatre mois à peine après le décès de son père, Yves prit la décision la plus inattendue qui soit et nous informa de son prochain mariage avec Fiona. Personne ne voulait y croire. Ses amis pensaient qu'il plaisantait et nous nous interrogions sur ce choix soudain. Lui, si attaché à son statut de célibataire, allait rentrer dans le rang. Fiona l'avait convaincu. Elle avait profité de sa fragilité à la suite du décès brutal de notre père pour le décider.

La fête se déroula dans la jolie propriété d'Yves. L'ambiance était plus à la rigolade qu'à la solennité. Bonne humeur et blagues à la mairie où un ami adjoint au maire se chargea d'officialiser l'événement. À leur sortie, une superbe voiture de collection rose, conduite par un de leurs amis, les attendait. Ils y montèrent avec leurs deux aînés âgés de quatre et sept ans. Jolie petite robe blanche pour Manon, costume élégant pour Justin souriant jusqu'aux oreilles, aussi beau que son père dans son smoking.

Direction l'adorable petite chapelle du village de la mariée, trop exiguë pour accueillir leurs nombreux amis impatients d'aller faire la fête chez les nouveaux mariés.

Des barnums avaient été installés dans le jardin. Il faisait un temps magnifique. Étrangement, Fiona avait tenu à inviter toutes les anciennes petites amies d'Yves. Elle s'était fait un malin plaisir de les réunir à une même table. Elle semblait ainsi signifier à ces dames :

« Vous voyez, c'est moi qui l'ai eu ! »

Quelques-unes avaient préféré décliner l'invitation.

J'eus une pensée ce jour-là vers mon père. Qu'aurait-il pensé de cette union ? De son vivant, Fiona avait sorti le grand jeu pour le séduire et l'amadouer. Elle avait senti qu'il ne fallait pas lui en conter. Elle était prudente en sa présence. Une fois mon père décédé, elle ne s'était plus du tout préoccupée de ce que nous pouvions penser d'elle.

Je me sentais mal à l'aise à ce mariage qui n'en était pas un. J'avais l'impression d'assister à une mascarade. Tout sonnait faux. Fiona en faisait trop, théâtrale comme à son habitude. Mon frère souriait, pensant peut-être à son père absent.

On dit souvent qu'un fils recherche sa mère en épousant sa femme. Je ne voyais aucun point commun entre ma mère discrète et élégante, sosie de Grace Kelly et la vulgarité de cette femme, partie acheter sa robe de mariée en cinq minutes chez Tati.

8
Un fossé se creuse

Les frais pharaoniques engagés pour ces festivités n'arrangèrent pas les finances du couple. Un voyage de noces à bord de l'Orient-Express destination Venise finissait de grever leur budget.

Yves et Fiona continuaient de recevoir beaucoup. Les réveillons de Noël se déroulaient systématiquement chez eux. Nous ne pouvions pas proposer autre chose. En invitant, elle était seule « maître à bord ». Cela lui convenait parfaitement. Elle « gérait » selon son expression favorite. Le réveillon s'éternisait autour d'un apéritif pantagruélique. Les convives s'attablaient sans faim ni soif, piquant déjà du nez pour certains. Les enfants surexcités par la multitude de cadeaux ne savaient plus où donner de la tête. Au milieu de cette « fête », elle tourbillonnait, valsait, s'enivrait…

Ma sœur Camille fut la première à décliner ses invitations. Elle préférait désormais réveillonner avec les siens. Nous ferions de même avec mon mari quelques années plus tard. Seules ma mère et ma sœur aînée continuaient d'aller chez eux pour faire plaisir à Yves et ses enfants.

À la suite du décès de mon père, Maman emménagea dans une jolie longère à la campagne, à une trentaine de kilomètres de chez son fils. Cette maison était chaleureuse. On s'y sentait bien. J'y ai de merveilleux souvenirs de réunions de famille. L'hiver, un feu crépitait dans la cheminée ; l'été il faisait bon manger à l'ombre du Ginko Biloba. Maman avait toujours table ouverte pour ses enfants, petits-enfants et arrière-petits-enfants. À quatre-vingt-douze ans, elle vient de quitter ce lieu chaleureux de sa propre initiative pour un espace plus reposant et rassurant pour elle. Cette maison lui ressemblait mais heureusement on emporte toujours ce que l'on est avec soi. Maman rendra son nouveau lieu de vie serein et accueillant car c'est ce qu'elle est.

Quelques semaines après leur mariage, Fiona vint la voir. Fait inhabituel. Elle aborda leurs problèmes financiers.

« Yves ne va pas bien du tout. Il se fait beaucoup de souci. La trésorerie ne rentre pas. Cela a un impact sur sa santé. Pourrais-tu nous prêter cinquante mille francs (sept-mille cinq cents euros) ? »

Maman écouta sa belle-fille attentivement puis, confiante, accepta de les aider en échange d'une simple signature sur un bout de papier. Comme promis, mon frère remboursa la somme due quelques mois plus tard.

La fois suivante, ce fut lui qui vint la voir pour lui demander une nouvelle fois de l'aide :

« Je ne m'en sors plus, c'est dur ! Je travaille comme un damné. Fiona est trop dépensière ! Elle dépense sans compter ! »

Voyant son fils soucieux et à nouveau en difficulté, Maman lui prêta sans hésiter la somme importante demandée. Pour cela elle dut prélever l'argent sur un capital placé en indivision. Elle ignorait qu'elle avait besoin de notre accord pour une telle opération. Lorsqu'elle m'en avisa, je n'y voyais rien à redire et comprenais son geste. Je savais qu'elle aurait fait de même pour moi. Ma sœur Camille ne fut pas du tout du même avis. Elle exigea une reconnaissance de dettes faite devant notaire. Yves, considérant que sa parole suffisait, fut extrêmement déçu par le manque de confiance de sa sœur. À dater de ce jour, ils cessèrent toute relation, à la grande joie de ma belle-sœur qui n'aimait pas Camille. Sentiment réciproque.

Désormais, Fiona ne faisait plus le moindre effort, envers les autres et envers elle-même. Elle se négligeait. Elle ne nous invitait plus. Yves passait chez nous, souvent à l'improviste. Nous rajoutions un couvert et avions plaisir à le voir. Il parlait souvent d'argent. Il nous faisait croire que tout allait bien avec son large sourire, mais nous le sentions préoccupé.

Il allait aussi régulièrement voir Maman. Fiona trouvait toujours des prétextes pour ne pas l'accompagner.

Aux rares repas de famille auxquels elle ne pouvait échapper, elle s'isolait en bout de table avec ses enfants, refusant de prendre part aux différentes conversations, montrant clairement son indifférence à notre égard.

Notre dernière réunion de famille eut lieu le 4 janvier 2004 après les fêtes de fin d'année. Maman avait réuni à cette occasion ses quatre enfants, ses neuf petits-enfants, ses deux gendres et sa belle-fille.

J'étais loin d'imaginer ce jour-là que j'allais voir mon frère pour la dernière fois.

9
Un beau « parti »

Mercredi 25 février 2004 16 h 30

— Allo ma chérie ? Tu n'aurais pas des nouvelles de ton frère par hasard ? Fiona vient de m'appeler, Yves est parti.

— Comment ça, parti ?

Maman semble inquiète au téléphone. Nous nous appelons régulièrement. Au ton de sa voix, je sens que quelque chose ne va pas.

— Ils se sont disputés et Yves a quitté la maison pour rejoindre une fille qui l'attendait dans un Scénic gris.

— Qu'est-ce que c'est que cette histoire ? Il va revenir, ne t'inquiète pas. Que s'est-il passé exactement ? Raconte !

— Yves a dit à Fiona qu'il en avait assez de cette « vie de merde ». Il a mis ses affaires dans un sac poubelle et il est parti.

— Comment ?!!

Yves *aurait* dit qu'il en avait assez de cette vie de merde ? Ce n'est pas une expression qui lui ressemble !

Il *aurait* mis ses affaires dans un sac poubelle ? Pas du tout son style ! Mon frère était très précautionneux avec ses affaires.

Il *serait* parti dans un Scénic gris ? À quoi ça ressemble cette voiture ?

Pourquoi dès le départ ai-je utilisé le subjonctif ?

— Et qu'a-t-elle fait ? Elle a essayé de le rattraper ?

— Non. Elle m'a dit juste qu'il allait revenir, que je ne m'inquiète pas.

— Bizarre qu'elle n'ait pas cherché à voir avec qui il partait. C'est ce que j'aurais fait ! Ne te tracasse pas trop Maman, ils se sont disputés, cela arrive dans tous les couples. Il est peut-être parti sur un coup de sang, il va revenir ! Je vais essayer de l'appeler.

À peine raccroché, je composais le numéro de mon frère mais tombais directement sur sa messagerie.

— Bonjour. Je ne suis pas joignable pour le moment. Laissez-moi un message. Je vous rappellerai.

— Yves, il paraît que tu t'es disputé avec Fiona. Cela ne me regarde pas, mais appelle Maman, elle se fait du souci et moi aussi ! Je n'aime pas quand tu ne réponds pas !

Les heures s'égrènent, une à une… Toujours aucune nouvelle malgré mes nombreuses tentatives. J'appelais Maman à plusieurs reprises pour savoir si, de son côté, elle avait réussi à le contacter.

— Non, toujours rien. J'ai essayé plusieurs fois mais il ne répond pas.

— Moi aussi, je n'ai pas cessé de l'appeler mais je n'ai pas eu de retour. Je tombe systématiquement sur sa messagerie. Elle est saturée maintenant.

Je n'appelais pas tout de suite ma belle-sœur. Après tout, ce n'était peut-être qu'une simple querelle entre époux. Un peu prématuré pour me mêler de leurs affaires.

Le soir, à son retour du travail, j'informais mon mari Pierre de la mauvaise nouvelle.

— Ne t'inquiète pas, me dit-il, ce n'est qu'une dispute, il va revenir.

Il connaissait Yves depuis leur adolescence. Ils étaient du même âge, avaient fréquenté les mêmes soirées et beaucoup d'amis en commun.

Pierre arrive tant bien que mal à me rassurer et me persuade du retour prochain d'Yves à son domicile. Je m'endors d'un sommeil agité.

Je me réveillais plusieurs fois dans la nuit en pensant à mon frère et à sa vie. Je ne suis pas surprise plus que cela de son départ. Depuis quelques mois, je le sentais soucieux. Pas vraiment épanoui ni heureux. J'avais envisagé de déjeuner avec lui pour essayer le faire parler mais je ne l'avais pas fait, à mon grand regret… Dans notre famille, nous étions peu enclins à nous confier. Nous communiquions peu avec nos parents. La sévérité de mon père empêchait les discussions ouvertes, alors nous nous taisions lorsque nous n'étions pas d'accord. À tort. J'ai reproduit le même schéma. Je me tais quand je ne suis pas du même avis, par peur des conflits. Je préfère écrire.

Dans ma famille, tout devait « rouler ». Maman ne se plaignait jamais. Elle ne le fait pas davantage aujourd'hui. Elle tait ses souffrances. Mais je les devine. Yves aussi simulait bien derrière son sourire, une arme redoutable pour cacher ses émotions. Je le connaissais par cœur. J'aurais tant voulu l'aider. La semaine précédant sa « disparition », nous étions parties avec Maman à la montagne. Je lui avais alors confié mon inquiétude.

— Tu devrais parler à Yves. Il n'a pas l'air d'aller bien. Tâche de savoir ce qui ne va pas.

— Oui, tu as raison, je vais le faire, m'avait-elle répondu.

Maman n'aimait pas intervenir dans nos affaires conjugales. Elle évitait de juger, de commenter. Elle préférait une écoute compréhensive à une compagnie envahissante. Jamais facile de trouver la bonne mesure. Ne pas s'imposer mais être là quand nos enfants ont besoin et leur faire savoir.

Cette fois-ci, Maman était décidée à parler à son fils.

Comme moi, elle n'en eut pas le temps.

10
Premier contact téléphonique

Samedi 28 février 2004

Pourquoi n'ai-je pas téléphoné tout de suite à Fiona ? Je ne voulais pas m'immiscer dans leur vie de couple. Ce n'était pas mon rôle.

Trois jours passaient durant lesquels je cherchais à joindre mon frère désespérément. Sa messagerie était pleine. On ne pouvait plus lui laisser de message.

Samedi matin, je me décide enfin à appeler ma belle-sœur, Je n'en peux plus d'être sans nouvelles. J'ai besoin de savoir, il faut qu'elle m'explique.

— Fiona ? C'est Rose. Je suis tellement désolée de ce qui arrive, ma pauvre !

Tout de suite, je note son ton dégagé. Elle semble agacée par mon appel.

— Arrête d'en faire toute une histoire, il a pété un plomb. Il va revenir !

— Quand même Fiona, partir comme ça et te laisser seule avec les trois enfants, c'est, c'est… Je n'ai pas de qualificatif !

Je commence à critiquer avec force la conduite déplorable de mon frère. Étrangement, elle ne surenchérissait pas. Pourtant, sans emploi, elle dépendait financièrement de lui. Situation que je comprenais parfaitement étant dans la même situation. J'étais en colère après lui tout en me disant que cela ne lui ressemblait pas. Effectivement, ils avaient pu se disputer. Mais de là à ne pas donner de nouvelles à

Maman, cela m'étonnait vraiment. L'absence de réaction de Fiona dénotait par rapport à la gravité de la situation. Elle allait se retrouver dans une situation financière délicate. Elle aurait pu au moins afficher sa colère !

— Pas de panique, il va revenir, répétait-elle machinalement, ce n'est pas la première fois que cela arrive. C'est une simple scène de ménage.

— Ah bon, mais que s'est-il passé exactement ? Raconte !

— Mercredi dernier, on s'est disputés. Il est sorti la veille boire un verre et n'est rentré qu'au petit matin, vers six heures et demie. En rentrant, il a voulu faire l'amour. Même pas en rêves, il était ivre ! *Nous apprendrons plus tard que c'était faux.* On en est venus à parler de nos problèmes financiers. Tu sais ce qu'il m'a dit ?

« *J'en ai assez de cette vie de merde, je regrette de t'avoir épousée et de t'avoir fait des enfants, je veux refaire ma vie !* »

Il a pris quelques affaires, les a mises dans un sac poubelle puis il est parti avec une fille de vingt-cinq ans qui l'attendait devant le portail dans un Scénic gris.

— Tu l'as vue cette fille ?

— Non, j'étais dans la salle de bain.

— Et tu n'as pas cherché à le rattraper ?

— Non.

Je n'arrive pas à croire à sa version des faits. Connaissant son fort caractère, je suis très étonnée par son absence de réaction. Au son de sa voix, on ne la sent ni inquiète ni en colère. Aucune émotion n'est palpable, ni angoisse, ni tristesse, ni interrogation. Après m'être entretenue longuement au téléphone avec elle, je propose de lui rendre visite le lundi suivant. Elle ne semble pas trop y tenir. Je le devine au ton de sa voix. J'insiste.

— Je viendrai vers quatorze heures pour le café.

Une fois notre conversation terminée, j'appelais Maman pour lui faire part de mon intention de me rendre chez Fiona le lundi suivant. Afin de voir…

— Et toi, as-tu eu d'autres nouvelles de Fiona de ton côté ?

— Je l'ai invitée à dîner hier avec les enfants. Elle ne semblait pas très affectée par le « départ » d'Yves ! Elle répétait sans cesse : « Il va revenir ! »

— Elle m'a dit exactement la même chose. Comment l'as-tu trouvée ?

— Très agitée. Il fallait qu'elle retourne vite chez eux au cas où Yves appelle. À l'ère des portables, sa réflexion m'a paru bien étrange !

Maman approuve l'idée de nous rendre sur place. Ma sœur aînée, Jeanne, proposera de nous accompagner. Nous ne serons pas trop de trois pour tenter de comprendre.

Au cours du week-end, je m'entretenais longuement avec ma sœur Camille au téléphone. Elle n'avait pas de relation privilégiée avec sa belle-sœur. Elle l'avait appelée malgré tout pour l'assurer de son soutien et de son aide.

— Ne t'inquiète pas je gère, je n'ai besoin de rien ! lui avait répondu fermement Fiona qui préférait tenir ma sœur à distance de ses problèmes de couple.

Camille et moi avions envisagé ensemble plusieurs scénarios pour cette journée du 25 février. Un certain nombre d'incohérences commençait à nous interpeller. Nous avions constaté que Fiona avait communiqué à chacune d'entre nous des heures de départ différentes.

— À quelle heure t'a-t-elle dit qu'il était parti ?

— À huit heures.

— Étrange. Elle m'a dit dix heures. Qu'a-t-elle annoncé à Maman ?

— Seize heures.

Tout s'embrouillait dans nos têtes.

— Une fille de vingt-cinq ans ? Pourquoi nous a-t-elle précisé son âge ?

— Un Scénic gris ? C'est drôlement précis comme détail quand ton mari te quitte, tu ne trouves pas ? Tu sais à quoi ça ressemble toi un Scénic gris ?

— Pas la moindre idée.

Nous ne savions plus quoi penser. Imaginer Yves tout quitter du jour au lendemain, enfants, famille, copains, boulot nous semblait inimaginable. Il n'avait pas l'air heureux certes, mais de là à tout abandonner pour une autre femme, sans donner de nouvelles, non.

Originaire de la région, il était aimé pour sa gentillesse et sa joie de vivre. Il avait un impressionnant réseau d'amis et n'aurait pas pu se passer de leur compagnie. Je peux affirmer que, pour rien au monde, il n'aurait quitté tout cela. Encore moins du jour au lendemain, sans prévenir. Ce qu'elle nous racontait ne tenait pas debout.

Camille s'étonnait également qu'Yves ne cherche pas à joindre Maman. Il avait un lien particulier avec elle, notamment depuis le décès de notre père, sept ans auparavant. Il passait souvent la voir et réalisait de menus travaux dans sa maison. Il aimait la protéger, la conseiller et la voir heureuse. Ils se ressemblaient physiquement, ces mêmes yeux gris bleu, ce magnifique sourire, cette élégance naturelle.

11
Visite non souhaitée

Lundi 1er mars 2004

Cinq jours que nous sommes sans nouvelles d'Yves. Cette attente est insupportable. Nous ne pouvions pas rester inactifs. Il fallait agir. Nous avions bloqué sa messagerie à force d'essayer de le joindre. Ma mère, mes sœurs, ses amis, tous avaient tenté de l'appeler. Sans succès.

Sa femme était la seule à ne pas lui avoir téléphoné. L'étude de ses appels téléphoniques le prouvait. Elle attendait le 27 février pour composer son numéro. Deux jours après son « départ. »

Le week-end passa lentement. J'avais hâte de me rendre chez Fiona. Je voulais la voir. Le seul moyen de savoir si elle était sincère.

Ce lundi-là, nous nous garons à l'heure dite devant le haut portail en fer plein. Aucune vue n'était possible de l'extérieur comme de l'intérieur. Je m'en faisais la réflexion. Nous sonnons. Après avoir patienté quelques minutes, elle apparaît enfin. J'ai la surprise de voir une femme pomponnée, maquillée, apprêtée. Elle n'avait rien d'une femme éplorée.

Je lui dis avec empathie :

— Ma pauvre Fiona, quelle histoire, comment vas-tu ?

Elle me regardait bizarrement me faisant comprendre que son fils Justin était là. Effectivement je l'aperçois derrière elle.

— Bonjour Justin, tu n'es pas en classe aujourd'hui ?

— Il n'a pas cours cet après-midi, dit sa mère.

À douze ans, mon neveu était en âge de répondre. Elle l'avait devancé. Il avait l'air contrit. Nous apprendrons par la suite que le jeune garçon, alors en classe de cinquième, était complètement déscolarisé. Plus de cent vingt jours d'absence, toutes excusées par sa mère. Elle usait de nombreux subterfuges pour le dédouaner auprès de ses professeurs. Elle maniait le mensonge avec une grande aisance.

Coupant court à toute conversation avec mon neveu, Fiona nous fait entrer dans la maison après avoir monté les marches du perron. Une marquise ancienne abritait ce jour-là quelques paires de chaussures négligemment abandonnées sur le paillasson. C'était une bâtisse en pierres de pays construite sur trois niveaux. Je ne m'attardais pas sur la façade, ma préoccupation était ailleurs. C'était la première fois que j'entrais dans cette maison. Elle m'était inconnue. Dès l'entrée, une sensation bizarre m'envahit. Rapidement, je visualisais les lieux : le séjour sur la gauche, la cuisine à droite. Un escalier en bois face à l'entrée menait à l'étage, un autre descendait vers le rez-de-jardin. On entendait l'insert fonctionner intensément dans le séjour… Les habitats sont comme les humains, capables de dégager de bonnes ou de mauvaises ondes. J'y suis très sensible. Je peux m'y sentir bien tout de suite ou avoir envie de fuir. Ce jour-là pas question de partir malgré mon mauvais ressenti. Je devais discuter avec ma belle-sœur et découvrir les lieux.

Je trouvais à nouveau que cette maison ne correspondait pas du tout à la personnalité de mon frère. Rien à voir avec son ancienne propriété.

Pendant que Maman et Jeanne s'installaient au salon avec Fiona, je demandais à Justin de me faire visiter la maison en prétextant l'envie de découvrir son nouveau lieu de vie. Gentiment, il passe devant moi et m'emmène au rez-de-jardin. S'y trouvaient un bureau, une salle de jeux et d'autres pièces annexes. Il me fait ensuite visiter le premier étage où je découvrais la chambre de ses parents, celles de son frère et de sa sœur et la sienne, toutes particulièrement bien rangées. Trop bien rangées pour des univers d'enfants. Je trouvais cela bizarre car je connaissais le peu d'engouement de ma belle-sœur pour le ménage ou le rangement. Et ce jour-là, dans cette maison, tout était à sa place. Un peu trop. Rien ne traînait. La salle de bain de l'étage était également impeccable. De là-haut on apercevait la cour et le grand portail qui empêchait de voir et d'être vu…

Après avoir visité, je rejoignais Maman et Jeanne au salon et entamais la conversation avec ma belle-sœur. Je souhaite savoir ce qu'il s'est exactement passé entre elle et Yves ce fameux 25 février. Une altercation ? Un accident ?

— Ma pauvre Fiona, je suis vraiment désolée. Mais qu'est-ce qui a bien pu lui prendre ? Partir comme ça du jour au lendemain. Te laisser avec les enfants, sans boulot, sans argent. C'est terrible ! Raconte-moi !

Fiona m'explique à nouveau qu'ils se sont disputés le mercredi matin et qu'à la suite de cela Yves est parti. Elle m'assure que nous avons tort de nous faire du souci. Il va revenir. Toujours la même rengaine, les mêmes phrases, mot pour mot. Durant notre échange, afin de l'éloigner un peu de cette conversation d'adultes, Maman propose à Justin de l'aider pour ses devoirs. Ma belle-sœur lève les yeux au ciel dans son dos, me prenant à partie. Je n'apprécie guère ce manque de respect vis-à-vis de ma mère.

— Il n'en a pas, répond-elle, agacée.

Au fil de notre discussion, j'étais de plus en plus surprise par son assurance et sa désinvolture. Tellement intriguée que je finis par lui demander sans détour :

— Mais Yves, tu l'aimes ?

Elle a un léger mouvement de recul. Elle ne s'attendait pas à une question si directe.

— … Euh oui, évidemment !

Je ne la trouvais pas du tout convaincante.

Très vite, elle reprenait la maîtrise de la conversation puis se levait pour nous faire écouter le répondeur du téléphone fixe. Un message absolument inaudible parvenait jusqu'à nous. Nous étions censées y reconnaître la voix de mon frère. Elle voulait nous faire croire qu'il avait tenté de l'appeler. Sur quelle piste souhaitait-elle nous emmener ? Je trouvais ça louche.

Nous quittons les lieux vers seize heures. J'étais complètement retournée. En colère aussi. À tel point que je confiais spontanément à Maman.

« Je ne la sens pas, elle nous cache quelque chose… »

Maman écrira cette phrase sur son carnet de bord le soir même en décidant, comme moi, de noter tout ce qui va se passer au cours des journées suivantes. Nous écrirons ainsi durant des semaines, des mois, des années.

Pour ne rien oublier.

Pour ne pas oublier.

12
Recherche dans l'Intérêt Des Familles

Mardi 2 mars 2004

Il pleut ce matin-là. Le ciel est gris comme mon cœur qui déteint un peu plus chaque jour.

Après avoir pris conseil la veille auprès d'un ami gradé qui connaît bien Yves, je me rends avec Maman au poste de gendarmerie le plus proche pour y faire » une Déclaration pour Disparition Inquiétante de personne ». Mon ami pressent le drame, il me l'avouera par la suite. Il ne me confiera pas ses craintes dans l'immédiat.

Les démarches pour rechercher une personne diffèrent selon son âge. Pour les mineurs, il est essentiel de démarrer les recherches le plus rapidement possible pour avoir une chance de retrouver l'enfant. On ne peut que se féliciter de la mise en place depuis 2006 du dispositif « Alerte Enlèvement » lors des disparitions d'enfants qui fonctionne très bien aujourd'hui. Il permet de diffuser sur plusieurs canaux une alerte en cas d'enlèvement supposé de mineur afin de prévenir la population d'une disparition d'enfant. Depuis sa création, le taux de réussite est de quatre-vingt-seize pour cent. Encore insuffisant au regard des 4 % d'enfants mineurs non retrouvés.

Un tel dispositif n'existe malheureusement pas pour les adultes. On considère qu'un majeur a le droit de disparaître comme bon lui semble. Il est bien plus difficile de faire bouger les instances en ce qui les concerne. Toutefois, si la famille proche se mobilise et s'inquiète, il est possible d'agir, mais il se passe généralement du temps avant qu'une recherche active ne soit lancée.

Pas d'appel téléphonique ni de mouvements sur les comptes bancaires, tels doivent être les premiers signes qui doivent alarmer les proches.

Yves a quarante-quatre ans au moment des faits, il peut donc « disparaître » s'il le souhaite sans que personne n'en soit avisé.

Ma belle-sœur ne montre aucun signe d'inquiétude, contrairement à nous. Elle ne prend aucune initiative pour alerter les autorités compétentes, ce qui nous semble bizarre.

Nous décidons de bouger.

À la gendarmerie, deux officiers écoutent notre récit avec attention tout en prenant des notes et entrecoupant l'entretien de multiples questions.

« Parlez-nous de votre frère. Quel genre d'homme est-il ? »

Nous ferons un portrait d'Yves au plus proche de ce que nous connaissions, un garçon jovial, aimé de tous mais rencontrant depuis quelque temps des problèmes financiers.

« Lui connaissez-vous des maîtresses ? »

Nous l'ignorons. On ne crie pas sur les toits ce genre d'information. En tous cas, Yves ne s'était jamais confié à ce sujet.

Après nous avoir longuement écoutées, le chef de brigade envisagera plusieurs hypothèses :

— Votre frère peut être effectivement parti avec une autre femme, ce qui est plutôt courant.

— Il peut y avoir une possible complicité entre les époux pour tenter de disparaître au regard des dettes accumulées. Dans ce cas, elle ira le rejoindre plus tard avec les enfants.

— Le troisième scénario est beaucoup moins optimiste…

Nous devinions ce qu'il sous entendait, mais ne voulions pas l'entendre.

« Elle l'a peut-être enterré au fond du jardin ou sous le tas de bois ! » avait lancé brutalement un jour Camille.

Cette phrase m'avait choquée. Je n'ai jamais réussi à l'oublier.

« Elle dramatise toujours ! » avais-je dit à mon mari.

Nous n'imaginions pas qu'en disant cela, elle n'avait pas tout à fait tort.

Et depuis lors, cette phrase de série noire trottait dans un coin de ma tête, m'incitant à être vigilante et à ne plus croire tous les dires de Fiona.

Nous confier aux gendarmes nous avait épuisées et fait du bien en même temps. Nous étions soulagées d'avoir pu partager notre inquiétude avec eux.

À la fin de notre entretien, l'adjudant tentait de nous rassurer :

« Ne vous en faites pas, il est probablement parti avec quelqu'un. Ce genre d'histoire est courante. »

Non, notre histoire n'est pas banale. Mais ce jour-là, je ne demandais qu'à le croire. Je voulais simplement entendre des paroles réconfortantes.

L'officier nous avait conseillé de solliciter Fiona afin d'établir une RIF (Recherche dans l'Intérêt des Familles). Elle était la seule à pouvoir le faire. Ce document devait être rempli dans le département de résidence de mon frère, différent du nôtre et par un membre de la famille ayant un motif valable de faire entamer cette recherche, *l'abandon de domicile* concernant Fiona.

Extrêmement contrariées d'avoir à la solliciter, nous devrons nous résoudre à l'appeler pour lui demander de bien vouloir se rendre au plus vite à la gendarmerie afin de remplir cette fameuse RIF.

Au ton de sa voix, nous la devinons une nouvelle fois irritée par notre requête. Elle s'y pliera tout de même mais ne semble avoir aucune envie de prévenir une quelconque autorité de la disparition de son mari.

Ne pouvant être présente l'après-midi et pour s'assurer qu'elle s'exécute bien, je demandais à Maman de rejoindre Fiona à la gendarmerie.

Lorsqu'elle voit sa belle-mère arriver ce mardi 2 mars après-midi, ma belle-sœur lui fait clairement comprendre qu'elle n'est pas la bienvenue.

— Mais Marie, je sais me débrouiller toute seule, je n'ai pas besoin de vous !

Quand je pense que Maman s'est rendue à différentes reprises chez elle, notamment pour lui apporter des petits plats pour les enfants et l'assurer de son soutien, j'en frémis encore pour elle aujourd'hui.

13
Une amie particulière

Je passais les jours suivants à lister tous les amis de mon frère, à retrouver leurs coordonnées et à les appeler.

Je les connaissais bien, nous nous sommes côtoyés adolescents puis la vie nous a progressivement éloignés les uns les autres.

Je préférais m'entretenir avec eux au téléphone, cela était plus rapide et me permettait de garder une certaine distance. Je craignais d'être questionnée, de trop en dire et de porter préjudice à l'enquête. Le silence était de mise. Je voulais récolter le plus d'informations possible. Tout renseignement, même anodin, était à exploiter. J'apprenais ainsi que certains amis d'Yves avaient déjà été entendus par la police.

Je notais la teneur de chaque conversation, afin de ne rien oublier. Je réunissais tant de renseignements que je m'obligeais à les répertorier méthodiquement.

Chacun avait son avis et m'en faisait part mais rares étaient ceux qui pensaient qu'Yves aurait pu tout quitter pour une autre femme.

J'ai tout entendu sur lui :

— Yves a des soucis d'argent.

— Yves est peut-être à l'Étranger.

— Yves n'aurait jamais laissé sa mère sans nouvelles !

— Yves est un salaud d'avoir abandonné sa femme et ses enfants !

— Yves est malheureux avec elle !

— Non, je ne crois pas qu'Yves se soit suicidé.

Après tous ces échanges téléphoniques, j'obtiens enfin un renseignement intéressant. Yves a probablement eu une liaison avec une amie de Fiona. Cette femme, prénommée Anaïs, ne fait pas partie de notre réseau habituel d'amis. J'apprends qu'elle travaille dans un cabinet d'avocats. Il me semble opportun de la rencontrer afin de me faire une idée sur cette fille. Un rendez-vous est fixé dans une brasserie. Maman m'accompagne à nouveau. Nous nous sentons plus fortes à deux. Nous patientons, nous demandant si elle va honorer le rendez-vous. Bientôt midi. Autour de nous, les conversations s'animent, nous ne les entendons pas, les yeux rivés sur l'entrée de la brasserie. Elle est en retard.

Dès son entrée, sa ressemblance avec ma belle-sœur me frappe d'emblée. Un vrai copier-coller de Fiona ! Brune, l'air hautain, elle nous toise. Je la sens sur la défensive. J'essaie d'être aimable avec elle. Je souhaite connaître quel genre de relation cette femme a pu avoir avec Yves et Fiona. Elle m'apprend qu'elle est une amie d'enfance de ma belle-sœur. Elles se sont perdues de vue pendant plusieurs années puis retrouvées par le plus grand des hasards il y a quatre ans. Cela ne m'intéresse pas. Je veux savoir autre chose.

« Avez-vous eu une relation amoureuse avec Yves ? »

Je la vois se braquer. Elle se défend en m'assurant qu'elle ne sortait avec Yves que dans le seul et unique but de lui servir de taxi et de le ramener chez lui en fin de soirée.

« En tout bien tout honneur ! »

Avec la bénédiction de Fiona évidemment qui ne voulait plus sortir avec son mari. Cette femme, qui vivait seule avec sa fille, amie de Manon, véhiculait mon frère et lui servait de chaperon. Elle dormait même parfois chez eux. Et elle me jurait qu'il ne s'était jamais rien passé entre eux ? Elle me prenait vraiment pour une idiote ! Une colère sourde m'envahit. Percevant mon agacement, Anaïs change de stratégie et afin d'éviter mes questions, se met à critiquer mon frère sans vergogne, le traitant de salaud d'avoir abandonné sa famille. Pour quelqu'un censé être son amie, elle retournait bien vite sa veste ! Elle ne serait pas la seule.

Elle nous apprenait avoir été la première informée du « départ » d'Yves par Fiona. C'est sur ses conseils que son amie avait déposé le 26 février une main courante pour « abandon de domicile conjugal ».

En l'écoutant, je réalisais que je n'obtiendrais aucune information de cette femme. Comme Fiona, elle cherchait à me balader et ne me disait pas tout. Elle n'était pas sincère, je le sentais, dans son regard et dans le ton qu'elle employait avec moi.

Je mets un terme à notre conversation. Inutile de perdre mon temps.

En partant, je lui demandais toutefois :

— Si jamais vous voyez mon frère, dites-lui qu'il appelle au moins sa mère pour la rassurer !

Nous nous quittons froidement.

14
Mystère autour du portable d'Yves

Il régnait tout un mystère autour du portable d'Yves.

Je tentais de l'appeler un nombre incalculable de fois. Entendre sa voix sur sa messagerie me faisait du bien. J'avais besoin de le sentir vivant en l'écoutant parler.

— Bonjour, vous avez appelé Yves B… laissez-moi votre message. Je vous rappellerai.

— Mais non, tu ne me rappelles pas ! Qu'est-ce que tu fais ? Où es-tu ? Rappelle-moi s'il te plaît !

Évidemment, je n'étais pas la seule à essayer de l'appeler. Tout son entourage cherchait à le joindre. Sa messagerie était pleine. Le fil infime qui nous reliait à lui était coupé. J'étais désespérée.

Mais quelques jours plus tard, miracle, nous pouvions à nouveau lui laisser des messages. Lueur d'espoir, Yves avait pris le temps de vider sa messagerie, il était vivant ! *J'apprendrais par la suite qu'il est possible de vider un portable à distance à partir d'un fixe avec un code spécial.*

S'instaurait alors un monologue dans lequel je tentais de le ramener à la raison. Je lui confiais qu'il nous manquait beaucoup, que nous nous inquiétions, que nous respections son désir de changement de vie mais qu'il nous autorise au moins à savoir s'il allait bien.

« Yves, où es-tu ? Je ne peux pas croire que tu sois parti en abandonnant tes enfants. Nous sommes du même sang, nous avons été éduqués de la même façon. Tu n'es pas différent de moi. Maman se fait un sang d'encre, appelle-la ! Tu ne peux pas lui faire ça ! Tes enfants ont besoin de toi. Nous avons besoin de toi. On t'aime ! Reviens, s'il te plaît ! »

Parfois, je l'invectivais :

« Pourquoi n'as-tu pas eu le courage de nous dire que tu voulais partir ? Pourquoi nous laisses-tu sans nouvelles ? Tu penses à notre angoisse ? Ce n'est pas une solution de fuir ! Tu n'as pas honte ? »

À nouveau la messagerie se bloquait, inondée d'appels.

J'étais interpellée par cette messagerie qui se vidait régulièrement. Yves devait probablement prendre connaissance de ses messages. Constater qu'il y était insensible me désolait et m'intriguait à la fois. Mon frère n'était pas homme à fuir ses responsabilités.

Je sentais qu'il se passait quelque chose d'anormal.

Les relations avec Fiona devenaient de plus en plus compliquées. Elles atteignent leur apogée le jour où elle nous fait part de sa décision de mettre fin à l'abonnement téléphonique de mon frère. Nous sommes le 25 mai 2004, soit trois mois après sa disparition. Elle prétexte le coût inutile des factures et la nécessité de faire des économies. Nous sommes catastrophées ! Comment ose-t-elle couper le seul fil qui nous reliait à lui ? Nous étions prêtes à payer à Fiona son abonnement mais par pitié, qu'elle ne l'arrête pas !

Parallèlement, j'apprenais qu'elle avait acheté des téléphones portables à ses aînés dont il fut difficile, voire impossible d'obtenir les numéros. Elle qui prétendait vouloir faire des économies, agissait de façon de plus en plus étrange. Pourquoi toute cette valse autour des portables ? Était-ce pour son usage personnel ou réellement pour celui de ses enfants ?

Je commençais sérieusement à me poser des questions…

15
Soupçons grandissants

En arrêtant l'abonnement téléphonique de son mari, Fiona voulait couper le seul lien qui nous rattachait à Yves. Nous étions anéantis.

Je bouillais intérieurement. Elle était en mesure de le faire. Elle allait le faire.

À la colère se greffe une suspicion de tous les instants à son égard qui ne me quittera plus. Je commençais à tenir un journal de bord très rapidement. Chaque journée était consignée sur mon ordinateur. J'y reprenais toutes les démarches entreprises dans les dernières vingt-quatre heures. Le moindre détail, chaque ressenti y étaient notés. Bien m'en prendrait. Ces notes seraient utiles aux enquêteurs. Elles m'évitaient aussi toute confusion mentale accrue par des nuits sans sommeil. Cette rédaction me prenait beaucoup de temps et m'empêchait de m'extraire de cet enfer dans lequel je vivais jour et nuit. Je répertoriais ainsi la progression de mes recherches, les propos relatés par chacun de mes interlocuteurs et surtout ceux de Fiona avec qui j'avais un lien téléphonique régulier. À défaut de pouvoir me rendre chez elle.

En m'entretenant presque quotidiennement avec elle (ma mère recevait aussi ses appels journaliers) et en notant la teneur de nos échanges téléphoniques, je constatais que les histoires qu'elle nous racontait variaient d'une conversation à une autre.

Mon intuition me poussait progressivement à faire attention à ce que je lui confiais, constatant que ses recherches pour retrouver son conjoint étaient quasi inexistantes.

Il était convenu que je retourne la voir huit jours après ma première visite chez elle. Je pressentais qu'elle allait me téléphoner pour annuler notre rendez-vous. Je ne me trompais pas.

Elle m'appelle le lundi matin. J'étais à mon cours de peinture qui m'offrait quelques heures de détente artistique. Rare moment où j'arrivais à décrocher de ce quotidien lugubre. Elle me presse alors de questions sur l'avancée de mes recherches.

J'avais constaté assez rapidement qu'elle essayait de m'emmener vers des pistes toutes plus improbables les unes que les autres. Malgré tout, je me devais de les vérifier. J'étais prête à remuer ciel et terre pour retrouver mon frère. Elle devait certainement beaucoup s'amuser à me voir courir partout !

Yves aurait fait une thalasso en Normandie en compagnie d'une femme quelques semaines avant son « départ ». Je contactais alors tous les centres de thalassothérapie de la région pour savoir s'ils avaient reçu un certain Yves B. Encore fallait-il qu'il ait donné son vrai nom !

Yves aurait quitté la France et serait parti au Sénégal. Elle me transmettait un numéro d'un contact à appeler là-bas, ce que je m'empressais de faire. J'aurai ainsi une conversation avec un inconnu qui ne comprenait rien à l'objet de mon appel. Je perdais mon temps et le prix d'une communication téléphonique vers l'Afrique. Mais pourquoi n'appelait-elle pas elle-même ? Par souci d'économie ou parce qu'elle s'en fichait ? Ou bien pour me donner de quoi calmer mes velléités de recherche ? Sans doute.

Elle m'incitait un jour à interroger leurs voisins, susceptibles d'avoir des informations. Pourquoi ne le faisait-elle pas elle-même ?

Elle s'apercevait que je ne lâcherais pas l'affaire, d'où son insistance à m'appeler tous les jours pour savoir où j'en étais de mes investigations.

Je réitérais régulièrement mon souhait de passer la voir. À chaque fois, elle trouvait un prétexte pour éviter cette rencontre.

Elle avait rendez-vous chez le coiffeur.

Quelqu'un lui rendait visite.

Elle était chez une copine.

Elle devait conduire ses enfants à leurs activités.

Elle avait des courses à faire.

Progressivement, je ne lui confiais plus rien de mes recherches.

Ce lundi matin, elle achevait notre conversation en me disant :

« On s'est tout dit, ce n'est pas la peine que tu passes ! »

M'avait-elle vraiment tout dit ?

Je n'avais plus confiance.

Jamais eu confiance.

La tension monte d'un cran lorsqu'elle s'aperçoit que je lui taisais certaines de mes démarches.

16
Manu Association
Aide aux familles de disparus

13 mars 2004

Je n'excluais aucun moyen pour retrouver mon frère et décidais un jour d'aller chercher sur internet des informations concernant la disparition de majeurs. Je voulais voir si je pouvais trouver de l'aide de ce côté-là. Je constatais avec stupeur que des milliers de disparitions étaient enregistrées chaque année en France (dix-huit mille en 2022). Parmi elles, 60 % de personnes fragiles et protégées (Alzheimer, troubles psychiatriques). Pour les autres, accident, crime ou disparition volontaire ? Police et gendarmerie enquêtaient, les familles espéraient.

Après avoir navigué quelque temps et mis de côté médiums, détectives et autres charlatans tirant profit de la détresse des familles, mon choix se portait sur « Manu Association », fondée par Jean-Yves Bonnissant, dont le fils Emmanuel, disparu lors d'un voyage en train Rennes Paris en 1996, n'avait jamais été retrouvé. Après ce drame, il fondait une association avec deux autres couples dont les fils avaient également disparu. Ils souhaitaient partager ensemble leur parcours, raconter leurs difficultés rencontrées pour se faire aider dans ces fastidieuses recherches.

Écoute, soutien, conseils étaient prodigués au sein de cette association.

Le 13 mars 2004, je me décide à appeler Jean-Yves. Mon frère porte les mêmes prénoms inversés : Yves, Jean.

Je me souviens précisément de notre échange. Je suis partie m'isoler dans une pièce de la maison afin de ne pas être dérangée. Jean-Yves m'écoute pendant plus d'une heure. Je lui fais part de mes nombreuses démarches et de mon découragement. Dix-huit jours qu'Yves est « parti » et toujours aucune piste. Je lui rapporte un incident a priori anodin, mais qui m'a beaucoup déstabilisé à l'époque. Alors que je souhaitais avoir des renseignements au téléphone sur la façon de remplir une Recherche dans l'Intérêt des Familles, une fonctionnaire de la préfecture, sans empathie aucune, m'avait éconduite sèchement. Je décidais alors de me déplacer. Elle m'avait reçue très désagréablement et m'avait fait comprendre que je n'étais pas habilitée à faire cette démarche en seule qualité de sœur du disparu. Mon statut ne le justifiait pas ! Le ton de sa réponse m'avait vraiment choquée. J'étais repartie en pleurant. J'ai conservé son nom que je ne divulguerai pas ici mais je n'ai pas oublié cette personne malveillante.

Comment peut-on avoir si peu d'empathie envers des gens en détresse ! Les familles de disparus sont confrontées à un véritable parcours du combattant dans leurs recherches. Elles n'ont pas besoin d'avoir à faire face à ce genre de comportement inadmissible de la part d'un représentant des services publics.

Jean-Yves m'assure qu'il fera remonter l'information auprès de la hiérarchie compétente. Il est en lien avec les hautes autorités en raison de l'importance et de l'utilité de son association.

Il me transmet ensuite des informations dont je ne disposais pas jusqu'alors. J'apprends qu'il faut au minimum trois mois pour qu'une personne disparue soit inscrite au fichier des personnes recherchées. C'est très long !

Pour diffuser un avis de recherche sur son site, j'allais devoir lui fournir des renseignements précis sur mon frère :

Sa taille : 1m80.

Sa corpulence : normale.

La couleur de ses yeux : gris bleus.

La couleur et la longueur de ses cheveux : bruns et courts.

De possibles signes distinctifs : non.

Ses traits de caractère : jovial.

Et bien évidemment une photo.

Trouver le bon cliché sur lequel Yves soit facilement reconnaissable.

Dans notre famille, nous avions l'habitude de prendre beaucoup de photos, sagement classées dans des albums que nous prenions plaisir à feuilleter de temps à autre pour nous rappeler des jours heureux. Les téléphones portables avec appareil photo intégré émergeaient à peine. Aujourd'hui, les photos papier sont devenues « vintage » au même titre que les vinyles.

Quel portrait leur fournir ? Le choix serait douloureux. J'allais devoir visualiser une partie de la vie de mon frère.

Les souvenirs affluent.

Yves enfant, Yves en vacances avec ses copains, Yves montant à cheval, Yves dans son Dodge, Yves à son mariage, Yves et ses enfants dans le Berry, Yves souriant, Yves ailleurs comme sur la dernière photo que nous avons prise de lui le 4 janvier 2004.

… 23 *août 2001*

La soirée est douce, c'est la fin de l'été. Il fait merveilleusement bon ce soir-là. Nous sommes tous réunis, enfants, petits-enfants, conjoints pour entourer Maman et fêter avec elle ses soixante-dix ans. Mon père, décédé quatre ans auparavant, manque à cette joyeuse réunion de famille. Nous sommes heureux d'être ensemble attablés dans le jardin. Seule ma belle-sœur, comme à son habitude, reste à l'écart, en bout de table avec ses enfants, marquant encore une fois sa distance avec nous. Elle déteste les séances photos que nous prenons plaisir à faire ensemble.

Maman nous photographie ce jour-là avec Yves alors que nous sommes venus bavarder avec elle dans la cuisine. Cliché spontané révélant une même joie de vivre. Je suis celle qui lui ressemble le plus.

J'aime qu'on me le dise. J'en suis fière. Notre complicité s'affiche sur cette photo. Mon choix est fait.

Après avoir rédigé une annonce pour accompagner son portrait, je l'adresse à Manu Association. Il ne nous reste plus qu'à attendre et à espérer. Évidemment, je ne dis rien à ma belle-sœur.

J'ai régulièrement des entretiens téléphoniques avec Jean-Yves. Fort de son expérience, il a rapidement le sentiment que Fiona est mêlée, d'une façon ou d'une autre, à la disparition de mon frère. Il ne croit pas si bien dire !

Aujourd'hui, je souhaite rendre hommage à ce Monsieur dont j'ai appris le décès soudain en 2019 sur son lieu de vacances et qui n'a jamais revu son fils. Il m'a été d'un grand secours et apporté beaucoup de réconfort. Grâce à son association, des avis de recherche sont encore publiés aujourd'hui. On y trouve des hommes, des femmes, des séniors, adolescents, jeunes adultes, étudiants, actifs, retraités, employés, cadres. Il n'y a pas de profil type de disparu, pas d'âge particulier, pas de catégorie sociale touchée plus qu'une autre. Chaque cas est unique mais les proches ont une même inquiétude et partagent l'insoutenable douleur de ne pas savoir. Jean-Yves a tant offert aux autres. Il a su donner du sens au drame qui l'a touché avec son épouse en créant cette association qui perdure, si précieuse pour les familles de disparus.

En effet, une fois passée l'annonce de la disparition, elles se sentent vite démunies. Un vide abyssal s'installe, généré par une interrogation permanente et la sensation d'être incompris. On se sent à côté de la vie. Le quotidien vous échappe. Seuls ceux ayant vécu un parcours similaire sont en mesure de comprendre l'étendue de la détresse vécue par ces familles et en même temps l'espoir qui les tient, sans relâche. Car elles ne sont pas dans le deuil. Jamais, tant que le corps n'est pas retrouvé. Ne pas savoir, c'est tout imaginer. Jusqu'au pire. Mais le pire est-il de savoir ou de ne pas savoir ? L'ascenseur émotionnel est en route. On espère, on attend, on interroge, on s'interroge.

Le préférer mort plutôt que de ne pas savoir. Oui, nous avions osé un jour émettre cette hypothèse. Car il est pire de rester à chercher l'être aimé toute une vie. Certaines familles ne pourront jamais aller se recueillir sur la tombe de leur proche, resté introuvable. Pas de vérité pour elles qui seront éternellement dans la recherche de leur cher. e disparu. e, comme l'a été Jean-Yves durant vingt-trois ans avec son fils Emmanuel. Ne pas rester seul dans ses recherches est essentiel. Rejoindre ces associations fait du bien. Elles apportent un lot d'informations intéressant et un véritable soutien moral.

Nul ne peut porter la peine de l'autre mais marcher à ses côtés est toujours possible.

Quelques jours après la diffusion de l'annonce de Manu Association, Maman m'informe de l'appel de Fiona très énervée. Quand quelque chose déplaisait à ma belle-sœur, elle s'en prenait à elle systématiquement.

Elle fulminait au téléphone :

« Comment Rose a-t-elle pu diffuser cette annonce et cette horrible photo d'Yves sur internet sans mon autorisation ? Elle aurait dû m'en parler ! Elle n'a pas le droit d'agir ainsi ! »

Ce n'étaient que reproches à mon égard. À tel point que je m'étonnais de sa réaction complètement disproportionnée par rapport à l'urgence de la situation, qui était quand même de retrouver mon frère !

Quelques jours plus tard, elle me téléphone, visiblement énervée. Elle a été contactée par une équipe de télévision qui lui a proposé de venir la filmer chez elle avec ses enfants pour qu'elle puisse adresser un message à Yves via les médias. Je ne serai pas étonnée d'apprendre son refus catégorique.

« Tu comprends, je ne veux pas que mes enfants passent à la télé ! »

Je lui tairai ma conversation avec les médias que j'avais renvoyés vers elle. Désormais, c'était moi qui étais agacée par son attitude fermée face aux recherches pour retrouver Yves.

Avait-elle réellement envie de le revoir ? L'aimait-elle vraiment comme elle me l'avait affirmé ? La « disparition » de son mari l'arrangeait peut-être finalement ?

17
Déclaration pour disparition inquiétante de personne

23 mars 2004

Sur les conseils de l'adjudant D. à qui nous nous étions adressées début mars, je me rends avec Maman à la gendarmerie en charge du secteur où habitait mon frère. Cette fois-ci, nous allons pouvoir remplir la *Déclaration pour disparition inquiétante de personne.* Nous restons pendant une heure et demie dans les locaux, racontant à nouveau notre histoire à des interlocuteurs attentifs.

Nous leur fournissons de précieuses informations sur mon frère, sur sa vie professionnelle et familiale, son entourage, ses loisirs…

Toute la vie d'Yves et de son entourage va être passée au crible.

Maman leur transmettait un élément primordial que j'avais omis de leur signaler. Mon frère avait un signe distinctif, une plaque à la cheville droite numérotée, posée après une chute malencontreuse. Cette plaque pouvait permettre de l'identifier.

Nous leur décrivons un garçon travailleur qui aimait sortir et voir ses amis le week-end comme tout le monde pour décompresser de la semaine. Les derniers temps, il prenait plaisir à emmener sa famille pour une balade dans son camion GMC qu'il avait acquis récemment. Il avait également acheté un Dodge WC dont il était très fier. J'avais été surprise de cette soudaine passion pour les véhicules militaires. Ce n'était pas son style. Il envisageait de se rendre aux cérémonies du soixantième anniversaire du débarquement en Normandie au mois de juin 2004. Encore une raison pour ne pas partir précipitamment. Il n'aurait manqué cette manifestation sous aucun prétexte.

Nous leur apprenons qu'Yves avait laissé progressivement sa femme gérer ses comptes. Il lui avait fait confiance. Elle en avait abusé. Elle dépensait sans compter. Les enfants obtenaient tout ce qu'ils désiraient. Aucun jouet n'était trop beau pour eux. Cours d'équitation, pistes de karting égayaient leurs loisirs. L'aîné s'était pris de passion pour le moto-cross. À dix ans il avait déjà sa petite 80cc pour partir en compétition, autre loisir coûteux qui n'allait pas arranger la situation financière du couple, objet de leur dernière dispute.

Fiona n'avait aucune passion, mises à part les « coupettes » de champagne qu'elle préférait boire en douce et la carte bleue qu'elle aimait utiliser sans compter !

Ils recevaient souvent. C'était continuellement la fête à la maison sauf les derniers temps. Les finances ne suivaient plus. La triste réalité les avait rattrapés. Ils se retrouvaient fréquemment dans le rouge à la Banque. Lorsque c'était le cas, elle allait faire son numéro de séduction auprès du banquier pour réclamer un découvert encore plus démentiel ! Je m'étais inquiétée à plusieurs reprises auprès de Maman.

« Tu devrais parler à Yves. Ce n'est pas normal qu'il te demande sans arrêt de l'argent. Il a sûrement des problèmes financiers, il faut que tu arrives à savoir ce qui se passe ! »

J'en avais discuté une seule fois avec mon frère mais n'étais pas allée suffisamment au fond des choses. Il m'avait gentiment fait comprendre que cela ne me concernait pas. Je n'avais pas insisté. Les regrets sont vains.

Yves était fataliste.

« C'est écrit ! répétait-il souvent, quand c'est ton heure, tu ne peux rien contre ! »

J'aurais aimé que le destin ne se serve pas de la main de ma belle-sœur !

Après avoir raconté ce que nous savions de leur vie de couple, je remettais aux gendarmes une liste de contacts que j'avais établie précautionneusement durant mes recherches :

Amis d'enfance

Amis actuels

Clients et amis

Copains de fête

Relations de travail

Connaissances diverses

La liste était longue. Mon frère connaissait beaucoup de monde. Les gendarmes allaient pouvoir commencer à travailler grâce à tous ces renseignements. Ma belle-sœur avait été beaucoup plus avare et ne leur avait communiqué qu'un seul nom.

Pourquoi celui-là ? Je me le suis toujours demandé.

J'apprenais également que Fiona avait rempli la RIF le 5 mars au lieu du 2, soit trois jours après notre demande. Elle nous avait dit avoir été éconduite par l'officier de gendarmerie qui avait considéré qu'il était trop tôt pour une telle démarche. Ce n'était pas tout à fait la réalité. Les gendarmes, la voyant peu inquiète du départ de son mari, lui avaient conseillé de repasser plus tard. Elle s'était empressée de repartir.

Ce formulaire de Recherche dans l'Intérêt des Familles n'existe plus depuis 2013.

À la fin de notre longue entrevue, la Déclaration pour Disparition Inquiétante de Personne est enfin signée. Des recherches sérieuses vont pouvoir débuter. Je l'espère. Nous ne sommes plus seuls. Avant de partir, j'interroge les gendarmes sur la nécessité de prévenir Fiona de notre démarche. Ils me répondent simplement :

« Ce n'est pas la peine ».

En sortant du poste de gendarmerie, je me sens soulagée.

18
Mes doutes s'amplifient

Un mois après la disparition de mon frère, je décide de retourner voir Fiona avec Maman, cette fois-ci sans prévenir. Nous arrivons là-bas aux alentours de quatorze heures trente. En ouvrant la porte, la surprise s'affiche sur son visage. Elle ne s'attendait apparemment pas à notre visite. Elle n'a pas l'air franchement ravie de nous voir et ne s'en cache pas. Je la trouve particulièrement en forme, apprêtée, avec une nouvelle coupe de cheveux, un maquillage soigné et quelques kilos en moins. Le célibat lui va plutôt bien. Elle avait tendance à se laisser plutôt aller depuis son mariage.

« Je ne peux pas vous recevoir longtemps, j'ai une course à faire ! » nous dit-elle d'emblée.

Son fils Justin est là. Encore là, devrais-je dire. Les vacances de février sont pourtant terminées depuis longtemps.

Un homme dont nous ignorons l'identité se trouve dans le salon. Voyant notre étonnement, Fiona s'empresse de nous le présenter. Il travaille avec Yves de temps à autre. Mon frère avait rendez-vous avec lui le 25 février pour l'aider à terminer un chantier. Cet homme était venu se faire payer ses heures. Il craignait sans doute qu'elles ne lui soient jamais réglées si jamais… Fiona lui avait proposé de prendre quelques outils en guise de règlement, dont une scie électrique…

Dans le même temps, elle s'était « débarrassée » de leurs véhicules utilitaires, privés et de collection. J'étais surprise de voir à quelle allure elle vendait tout ce qu'ils possédaient. Elle cherchait par tous les moyens à récupérer de l'argent. Nous n'avions apparemment pas les mêmes préoccupations ! Nous cherchions mon frère, elle cherchait de l'argent. Elle ne perdait pas son temps ! Je comprendrais plus tard pourquoi elle avait vendu si vite les véhicules. Au cours de notre visite, je remarquais son assurance à prendre sa nouvelle vie en main. Elle ne semblait pas du tout déprimée ni inquiète. Elle était pourtant seule avec trois enfants, sans emploi et surtout sans mari pour l'aider à faire tourner la marmite. Je réalisais qu'elle était déjà passée à autre chose. Yves envolé, ce n'était plus son souci. En revanche, l'argent en était un et pas des moindres ! Elle vendait tout ce qu'elle pouvait. Était-ce la vraie raison de ces ventes précipitées ?

Elle avait également entrepris des démarches auprès de la Caisse d'allocations familiales afin de connaître ses droits, mais n'était pas allée au-delà. Elle ne souhaitait pas exposer sa situation aux assistantes sociales qui risqueraient d'être trop curieuses.

« Tu comprends, je ne vais quand même pas aller habiter dans une HLM avec mes enfants ! »

Elle craignait sans doute de se les voir enlevés et placés par les services sociaux. Des aides existaient mais il fallait rendre des comptes, expliquer la situation. Elle ne le souhaitait pas.

Le 1er avril, elle nous informait de son intention d'aller vivre dans le Berry, région où la vie était moins chère. Mais comment pouvait-elle prendre une location si elle n'était pas solvable ? Le couple aimait beaucoup le Berry. Ils avaient découvert ce petit coin de France par l'intermédiaire de mon meilleur ami qui possédait une maison là-bas. J'ignore si elle comptait s'installer chez lui. Je savais qu'il n'avait aucune envie de l'héberger.

Je ne faisais aucun commentaire sur sa décision de partir. Mais je trouvais troublant qu'elle envisage d'arrêter l'abonnement téléphonique de mon frère, de quitter la région et d'empêcher ainsi toute possibilité de reprise de contact du père avec ses enfants.

En attendant de partir, il lui fallait trouver de quoi vivre. Les comptes étaient vides. Le 27 février, jour où elle vient dîner chez Maman avec ses enfants, elle aborde le sujet avec ma sœur aînée et lui fait comprendre qu'elle n'a plus de quoi acheter à manger pour ses enfants. Elle espérait sans doute lui soutirer quelques billets. Ma sœur se méfie et refuse. Elle lui avait déjà prêté de l'argent quelque temps auparavant et avait eu bien du mal à récupérer son dû. Maman quant à elle préférait leur apporter de temps à autre un plat qu'elle leur mijotait avec amour. Elle les invitait aussi régulièrement chez elle à déjeuner ou dîner. Fiona revenait régulièrement à la charge. Elle lui parlait de ses parents qui l'aidaient financièrement, sous-entendant que sa belle-mère aurait pu faire de même.

Peu de temps après le « départ » d'Yves, Maman lui propose de mettre à l'abri certains objets de valeur. Elle craignait que d'éventuels créanciers ne se manifestent. Croyant bien faire et avec son accord, elle emporte quelques objets appartenant à Yves. Fiona l'accusera de vol !

De son côté, ma belle-sœur déménagera tranquillement à la galerie tous les tableaux qu'Yves avait acheté à son beau-père. Il n'y a pas de vol entre époux !

Voyant notre surprise de voir la maison vidée de la quasi-totalité de ses meubles lors de cette seconde visite, Fiona nous informait en avoir vendu à des « amis ». Nous lui proposions aussitôt de lui racheter le mobilier restant pour le restituer à Yves le cas échéant. Elle déclinait notre proposition à notre grande déconvenue. En revanche, elle acceptait de se libérer sans problèmes de tous les albums photos, souvenirs de jeunesse de mon frère. Elle ne souhaitait garder aucun cliché de lui. Avait-elle pensé aux enfants ? Ils auraient peut-être aimé conserver quelques photos de leur père ! Je suis à nouveau interpellée. Elle se libérait bien vite de toute chose en lien avec Yves, elle qui prétendait l'aimer !

Les jours passaient, mon inquiétude grandissait et mes doutes à son égard s'amplifiaient.

19
Acide désoxyribonucléique

Le petit village de l'Essonne où habitaient Yves et Fiona est relativement calme et préservé. Les cambriolages n'y sont pas légion. Lorsque ma belle-sœur nous avise le 19 avril que sa maison a été « visitée », nous sommes un peu surpris. Elle rentrait du Berry où elle était partie quelques jours avec ses enfants et s'était aperçue que la porte avait été fracturée. Certaines affaires avaient disparu : le vélo de Manon, quelques papiers remués sur le bureau et le mécanisme de la comtoise… Nous ne réagissons pas à ce premier cambriolage. Elle a prévenu la gendarmerie qui se déplace chez elle le soir-même.

Lorsqu'elle nous informe d'une deuxième intrusion à son domicile le 21 mai, nous commençons à nous interroger. Cette fois-ci elle était partie faire des courses et avait constaté en rentrant la disparition de l'ordinateur familial, de quelques papiers et des économies de Justin, soit quatre-vingts euros !

« Généralement, les cambrioleurs évitent de revenir plusieurs fois sur le lieu du crime »… Tel sera mon seul commentaire. Très tôt, les gendarmes émettent des réserves sur ces cambriolages. Ils notent des bris de verre projetés vers l'extérieur plutôt que vers l'intérieur et doutent d'une véritable intrusion et de la véracité des dires de Fiona.

Ils s'étaient déjà rendus chez elle le 27 mars. Elle pensait qu'ils s'étaient déplacés à la suite de sa Recherche dans l'Intérêt des Familles. Elle ignorait que nous étions allées au poste de gendarmerie le 23 du même mois. En observant de plus près les pièces de la maison, ils avaient remarqué la présence anormale d'un bout de moquette au pied du lit de la chambre conjugale. En la soulevant discrètement, un des gendarmes avait noté la présence d'une tache récente suspecte… Ils avaient dû pousser leurs investigations pour connaître l'origine de cette trace. Du sang.

Au troisième cambriolage au cours duquel un téléphone portable et quelques jeux d'enfants disparaissent, nous ne la croirons plus. Désormais, lorsque nous échangeons au téléphone, nos échanges sont froids et limités. Elle évoque un jour un tube de Lexomil qui s'était volatilisé.

« Yves l'a sans doute emporté avec lui », me dit-elle, il dormait très mal ces derniers temps, se réveillait souvent la nuit et en prenait de temps en temps. »

J'omettais d'écrire cette phrase dans mon compte-rendu journalier. Elle nous aurait été bien utile.

Fiona devait sentir que je me méfiais d'elle maintenant. Elle m'appelait de plus en plus rarement.

La dernière fois que je m'entretiens avec elle, c'est le clash. Nous sommes le 29 mai 2004.

La veille, j'avais été convoquée par les officiers de la Brigade de recherche d'Evry. Après m'avoir écoutée et interrogée longuement, ils m'avaient prélevé mon ADN. Maman absente, j'avais accepté de faire ce test à sa place. Sur le moment, je ne m'étais pas inquiétée de cette sollicitation. Mon cerveau refusait d'admettre l'imminente vérité. J'ignorais comment cela allait se passer. J'étais stressée.

L'officier chargé du prélèvement ADN m'avait précautionneusement frotté l'intérieur de la joue avec un bâtonnet afin de récupérer quelques cellules.

La procédure se déroule ensuite de la façon suivante :

Les enquêteurs envoient les échantillons d'ADN à la BNDG (Base Nationale de Données Génétiques) qui sont entrés dans le Fichier des familles de personnes disparues. Ils peuvent servir à confirmer que l'ADN prélevé sur des articles appartenant à la personne disparue provient bel et bien de cette dernière.

Les profils d'ADN du Fichier des familles de personnes disparues peuvent seulement être comparés aux profils d'ADN de personnes disparues ou de restes non identifiés.

Pendant ce temps, Maman avait eu la mauvaise idée d'avertir ma belle-sœur de ce rendez-vous à la Brigade. Elle s'était fait « incendier » au téléphone. Encore une fois, Fiona trouvait que nous nous mêlions de ce qui ne nous regardait pas. Maman avait été complètement déstabilisée à la suite de son appel. Cela m'avait mise hors de moi. J'étais prête à régler mes comptes avec cette femme qui malmenait ma mère.

Lorsqu'elle me contactait le lendemain matin, j'étais décidée à « vider mon sac ». Je prenais toutefois le temps de l'écouter :

— Je ne comprends pas. Pourquoi ne m'as-tu pas dit être allée à la gendarmerie ? Pourquoi t'ont-ils demandé de faire un prélèvement ADN ? Tu aurais dû m'en parler avant ! C'est quand même moi sa femme !!!!

— Pourquoi, ne t'en ai-je pas parlé ? Tu me demandes pourquoi ? dis-je d'une voix sourde tentant de contenir ma colère.

Je lui confiais enfin le fond de mes pensées retenues depuis plusieurs semaines. Mon incompréhension à ce qu'elle n'entame aucune recherche pour retrouver l'homme qu'elle prétendait aimer. Ma stupéfaction à ce qu'elle n'ait jamais cherché à le joindre avant de déposer sa main courante pour abandon de famille, au moins pour avoir une explication. Sa précipitation à vendre tous les meubles et leurs voitures. La clôture rapide de la société de son mari. La colère manifestée à mon égard lorsqu'elle avait appris que j'avais contacté une association et les médias pour nous aider dans nos recherches. Autant de démarches qu'elle n'avait jamais entreprises.

Ces mots me libéraient. Cela faisait trop longtemps que je gardais tout cela pour moi. Dernier échange avec cette femme. Plus jamais nous ne nous reparlerons. Je savais que nous n'allions pas nous revoir de sitôt, ou dans d'autres circonstances.

20
L'attente

Depuis que nous avions signé la Déclaration pour Disparition inquiétante de personne, je me sentais un peu plus confiante. Je savais que l'enquête allait avancer. Du moins, c'est ce que j'espérais. Le temps s'écoulait lentement. D'un tempérament actif, je me sentais inutile. Je devais laisser travailler les enquêteurs et m'armer de patience. Je leur avais transmis tous les éléments en ma possession, je ne pouvais en faire davantage. C'était à eux de continuer. Mes nuits n'étaient plus qu'angoisse et cauchemars. Seuls mes proches pouvaient comprendre. Je passais de l'espoir au désespoir plusieurs fois par jour. J'essayais de continuer à vivre normalement mais j'étais devenue un zombie, l'ombre de moi-même. Il fallait pourtant continuer à assurer le quotidien, l'école, les loisirs des enfants. J'étais sans activité professionnelle à l'époque et enviais mes deux sœurs qui avaient repris leur travail. Je n'avais aucun moyen de m'échapper de cette tourmente. Mes sœurs, elles, pouvaient penser à autre chose, au moins durant quelques heures. Nous vivions en vase clos, entourés de notre seule famille et de nos amis proches en qui nous avions une entière confiance. Nous redoutions des autres des questions trop indiscrètes, auxquelles nous n'aurions pu répondre. Nous ne savions rien. Au club nautique, un noyau d'amis fidèles tentait de nous changer les idées le temps d'une soirée. Nous nous retrouvions souvent au bord de l'eau pour pique-niquer. Nous allions parfois chez l'un chez l'autre pour y manger « quatre nouilles. » Je n'ai pas oublié le soutien et la gentillesse de chacun d'eux. Ils nous ont aidé à ne pas sombrer. Il nous arrivait aussi de nous échapper avec mon conjoint durant cette période d'attente, le temps d'un week-end, pour souffler un peu. Même ailleurs, le fantôme de mon frère nous poursuivait.

Et puis il y aura Carole et Johan, nos meilleurs amis, à qui je vais dédier un chapitre. Ils tiennent une place importante dans cette histoire et dans mon cœur.

Trois mois passent. Toujours pas de nouvelles d'Yves. Nous envisagions de diffuser une petite annonce dans le Figaro, sans trop y croire. Nous ne savions plus quoi tenter pour exploiter d'autres pistes. Je m'entretenais régulièrement avec Camille à qui je confiais un jour mon désespoir de ne pas voir l'enquête avancer. Vers la fin mai, elle m'informe s'être rendue à la gendarmerie. Elle s'y était entretenue longuement avec les enquêteurs.

« Je ne peux rien te dire de plus, mais rassure-toi, ça va bouger… très prochainement », me confiait-elle.

Effectivement, le mardi 1er juin 2004, peu de temps après mon altercation avec Fiona et le prélèvement ADN, le commissariat m'appelle.

Deuxième partie

Le cyclone

1er juin 2004 – 15 janvier 2007

21
Des moments gravés à jamais

Ce mercredi 25 février 2004, je visitais le Musée d'Orsay avec Sylvain, mon parrain, grand humaniste, joueur d'échecs et meilleur ami de mon père. J'aimais découvrir Paris en sa compagnie. Il était né dans le quatorzième arrondissement et chaque sortie était pour nous un vrai moment de complicité. L'occasion pour lui de me parler de sa ville qu'il aimait tant. Il y avait vécu durant toute son enfance auprès de parents aimants qui étaient commerçants. Il connaissait Paris comme sa poche. Pas celui des touristes mais le plus intime, celui des squares où l'on prend le temps de s'asseoir pour disputer une partie d'échecs avec un inconnu, des expositions de quartiers, des petits commerçants ouverts jusqu'au bout de la nuit. Nous aimions flâner du côté du Père Lachaise où il était fier de dire qu'un jour il reposerait près d'Edith Piaf ou de Stéphane Grappelli, grand violoniste de jazz, sa musique favorite. Beaubourg, le musée du Quai Branly et autres expositions temporaires nous réunissaient dans notre passion pour l'art.

Il avait étudié à l'École du Bois en même temps que mon père. Ils s'y étaient liés d'amitié. Ils étaient radicalement différents. Sylvain très ouvert et tolérant, mon père beaucoup moins. Tous deux dirigeaient une scierie. Mon parrain avait ouvert ensuite avec sa femme Paquita le premier magasin de Bricolage en France avant que n'éclosent les grandes surfaces spécialisées. À la retraite, ils s'étaient inscrits tous les deux à la Sorbonne. Ils y suivaient des cours d'Histoire de l'Art, de philosophie et de chinois. Sylvain avait été aussi un temps visiteur de prison…

Il fut l'une des personnes les plus marquantes de mon existence. Je le remercie d'avoir été si proche de moi et de m'avoir apporté son soutien par des conseils toujours avisés jusqu'à son décès survenu récemment en pleine partie d'échecs. Et mat !

Nous passions une excellente journée ce 25 février à découvrir ensemble les œuvres du musée d'Orsay. En les observant, Sylvain se contentait simplement de ressentir. Il m'a appris ce jour-là comment avoir la juste attitude devant des œuvres d'art. Ne pas émettre de jugement. Simplement accueillir. Je pense à lui à chaque fois que j'observe des œuvres d'art.

C'est en rentrant de cette belle journée que je recevais l'appel téléphonique de Maman.

« Yves est parti. »

Mardi 1er juin 2004

Le jour où un évènement extraordinaire surgit dans sa vie, on se souvient de chaque seconde. Où l'on était, ce que l'on faisait, avec qui… Le cerveau imprime tout, à jamais.

Il est dix-neuf heures. Je prépare le repas du soir. Une quiche dore dans le four. Je nettoie la salade du jardin qui va l'accompagner. Pierre est parti avec les enfants au club nautique réouvert depuis peu. C'est un endroit où nous aimons nous retrouver en fin de journée et les week-ends.

Le téléphone sonne. Le temps de sécher mes mains. Je décroche.

— Rose B. ? dit une voix féminine à l'autre bout du fil.

— C'est moi.

— Bonsoir, ici le commissariat de police de Melun. Nous avons besoin de vous voir assez rapidement. C'est au sujet de votre frère.

— Cela ne peut pas attendre demain ? Il est tard, dis-je, refusant de comprendre l'urgence de la situation.

Pourquoi lui ai-je répondu cela à un moment où j'étais désespérée et en quête de la moindre information ?

J'étais lasse de voir l'enquête piétiner. Je n'y croyais plus, pensant que les enquêteurs s'étaient désintéressés de l'affaire. Alors me déplacer à cette heure au commissariat, cela pouvait bien attendre.

Ou était-ce mon inconscient qui ne voulait pas savoir ?

— Il faut que vous veniez maintenant, insiste la voix au téléphone, c'est important.

Mon cœur se met à battre plus vite.

Vous avez des éléments nouveaux sur l'enquête ?

— Effectivement. Nous souhaitons vous en parler de visu. Avez-vous quelqu'un qui puisse vous accompagner ?

— Oui, mon mari. Je vais l'appeler.

— Très bien. Quand il rentrera, venez aussitôt. Nous vous attendons. Troisième étage. Demandez le Commissaire Vidal.

— Entendu.

Sitôt la conversation achevée, j'appelle mon conjoint qui arrive rapidement. Notre dîner attendra. Nous partons sur le champ au commissariat de Melun. Sur la route, le silence nous accompagne. Mille questions se bousculent dans ma tête :

Quelles sont les nouvelles informations en leur possession ? Pourquoi ne me les transmettent-ils pas au téléphone ? Peut-être ont-ils besoin de moi pour l'enquête ? À cette heure ? Bizarre.

Je ne peux m'empêcher de confier à Pierre avant d'arriver :

« J'ai un mauvais pressentiment. »

Il ne me répond pas.

Nous franchissons le seuil du commissariat à vingt heures. Nous en repartirons vers deux heures du matin et ma vie ne sera plus jamais la même.

Les locaux étaient glauques, tout autant que les histoires qui s'y racontaient, dépôts de plaintes, aveux, violence conjugale, interrogatoires. Les bureaux de la Police judiciaire situés au troisième étage dans lesquels nous entrons n'étaient guère plus avenants. Une jeune femme nous accueille et nous fait asseoir à son bureau. Elle se présente :

— Je suis la Commissaire Vidal chargée de l'enquête sur la disparition de votre frère. Installez-vous, je vous prie.

Nous la regardons, interrogatifs. Que va-t-elle nous apprendre ?

Il est 20 h 15.

Soudain, des mots que je n'aurais jamais voulu entendre arrivent à mes oreilles.

— … Madame, on a retrouvé votre frère… Il est décédé…

Un coup de poignard dans mon cœur ne m'aurait pas fait plus mal. L'oxygène me manque, mon regard se trouble. Ce n'est pas fini. Une seconde phrase me remet un deuxième coup de poignard.

— Il a été assassiné.

Non ! Pas lui ! Ce n'est pas possible ! Je suis dans un film ! Je vais en sortir ! Cela va s'arrêter ! Pierre, dis-moi que je rêve !

Je hurle ma douleur. Les premières larmes glissent le long de mes joues. Il y en aura tant d'autres.

— Madame, voulez-vous un verre d'eau ? me demande la Commissaire.

J'accepte. Le choc émotionnel provoqué par l'annonce m'a serré la gorge, asséchée brusquement. Durant cette interminable soirée au commissariat, je n'aurai de cesse de boire verre d'eau sur verre d'eau. J'articule enfin :

— Assassiné ? Mais par qui ? Tout le monde l'aimait !

Et la troisième déferlante arrive.

— Cela reste confidentiel mais sa femme est actuellement en garde à vue.

Même si nous avions quelques doutes à l'égard de Fiona, apprendre qu'elle était en garde à vue nous stupéfie. Alors nos appréhensions se confirmaient ? Elle était mêlée d'une façon ou d'une autre à la disparition de mon frère ? Tout s'embrouille dans ma tête. Je verrai défiler en quelques minutes ces quatre-vingt-dix-sept jours d'attente et de recherche. La commissaire nous explique pourquoi ils avaient décidé de l'arrêter. Ils l'avaient mise sur écoute depuis quelque temps et appris ainsi qu'elle avait entrepris de grands travaux de « nettoyage » dans sa maison. Elle avait notamment changé toutes les moquettes. Ils avaient été également informés de son prochain déménagement prévu quelques jours plus tard dans le Berry. Constatant qu'elle n'allait pas tarder à prendre le large, ils avaient procédé à son arrestation ce mardi 1er juin à 16 heures 45 alors qu'elle rentrait de l'école avec ses enfants.

— Mon Dieu, les enfants ! Où sont-ils actuellement ? Que vont-ils devenir ?

— Ne vous inquiétez pas Madame, pour l'instant, ils sont chez la voisine.

J'étais la première à être informée de la mort de mon frère. J'apprenais l'absence de réaction de ma belle-sœur à l'annonce de la mort de son mari. Ni peine, ni surprise, ni pleurs. L'inverse de moi.

La Commissaire me demande quel membre de ma famille je souhaite prévenir en priorité.

Je réfléchis quelques secondes…

— Ma sœur Camille. Je veux qu'elle soit avec moi avant de l'annoncer à Maman.

Camille n'est pas étonnée de recevoir l'appel du commissariat. À la suite de sa visite à la gendarmerie, elle savait que les choses allaient bouger de façon imminente. Nous sommes très différentes. Je suis altruiste, elle ne fait confiance à personne. Je doute de moi en permanence, elle pense avoir toujours raison. Je suis tolérante, elle non. Elle est susceptible, moi pas. Elle est rancunière, je pardonne facilement. Elle a hérité du caractère de notre père, j'ai tout pris de Maman.

N'habitant pas dans le même département, elle avait gardé non seulement une certaine distance géographique mais aussi émotionnelle sur les choses. Elle s'était déjà éloignée d'Yves en raison de leurs nombreux différends. Elle allait conserver cette même réserve vis-à-vis de nos neveux. Lorsque nous nous étions vues après le « départ » d'Yves, nous avions décidé de reprendre ensemble le fil des évènements par écrit. Cela avait été douloureux mais salutaire. Rapidement elle avait eu des doutes à l'égard de Fiona. Alors que je n'y croyais plus, elle avait pris le relais dans les recherches. Elle savait des choses que j'ignorais et avait su garder le silence pour le bien de l'enquête. Nous étions sœurs et complémentaires.

Effectivement, quelques jours après, Fiona était arrêtée. Ma sœur était donc préparée psychologiquement à cet appel. Lorsque la commissaire lui téléphonait en cette soirée du 1er juin, elle répondait simplement :

« J'arrive ».

Une heure plus tard, elle était là avec son compagnon.

Je ne peux écrire à sa place ce qu'elle a pu ressentir à l'annonce de l'assassinat de notre frère. Nous échangeons peu à ce sujet. Nous préférons nous remémorer les bons souvenirs passés avec lui.

Durant cette soirée au Commissariat, les informations m'arrivent par bribes. Nous les recouperons par la suite avec ma sœur et nos conjoints : mutilation, consumé, bâche, mégot, liner, clés, chiffons, insert…

Tout se bousculait dans ma tête. Une chose m'obsédait : nous allions devoir prévenir Maman, lui infliger cette douleur, lui planter ce coup de couteau dans le cœur.

La Commissaire nous demande s'il était nécessaire de prévoir une assistance médicale.

« Non, Maman est forte. »

22
Maman

— Vous ne voulez vraiment pas qu'on fasse venir un médecin ? insiste la Commissaire inquiète. Votre mère a-t-elle des problèmes cardiaques ? Elle peut bénéficier d'une aide médicale si vous le jugez utile.

Non. Maman n'a besoin de personne. Elle fera face. Elle a toujours été à la hauteur des évènements douloureux qu'elle a traversés dans sa vie. Même si celui-là sera l'extrême cauchemar ! Elle aura simplement besoin de nous à ses côtés. J'ai toujours eu une admiration sans bornes pour elle.

Dernière-née d'une fratrie de cinq, elle a vu le jour en Belgique. Son père, colonel vétérinaire, soignait les chevaux. Il fut sollicité pendant la première et la deuxième guerre mondiale pour s'occuper des blessés. Son épouse, de dix-neuf ans sa cadette, dotée d'un tempérament de feu, élevait leurs cinq filles dans la joie, l'amour des animaux et de la nature. Ils traversaient un drame en perdant Francine, leur première fille de dix-huit mois.

Maman était une jolie blondinette plutôt réservée, la préférée de son père, ai-je appris plus tard. Elle devint une très jolie jeune femme. Elle rencontra mon père lors d'un séjour en Suisse. Il y passait ses vacances avec ses parents, son jeune frère et sa jeune sœur. Maman accompagnait sa sœur qui se remettait lentement d'une méchante tuberculose. Mon père, un beau brun de vingt-trois ans, la courtisa sur une piste de danse avec maladresse, il était un piètre danseur mais complètement sous le charme. Ils s'échangèrent leurs adresses. Lors d'un court séjour en France, Maman revit son amoureux. Elle se laissa courtiser par le jeune français. La suite de l'histoire est classique. Elle fut présentée à la famille comme c'était l'usage dans les années cinquante. Ils se marièrent un an plus tard. Maman avait tout juste vingt ans. Elle quitta son pays natal, sa famille, ses amis pour rejoindre la France, son mari et sa belle-famille. Pas évident pour une jeune femme toujours très entourée. Avec sa gentillesse naturelle, elle fut très vite aimée de tous. Sa simplicité et sa bienveillance faisaient l'unanimité.

J'ai rarement entendu quelqu'un la critiquer. Du vivant de mon père, elle s'effaçait devant lui. Il prenait beaucoup de place dans les conversations. Elle s'opposait rarement à ses décisions, essayant d'arrondir les angles, prenant sur elle. Nous lui en voulions parfois de ne pas s'affirmer davantage. Puis les épreuves de la vie se sont chargées de la faire grandir.

Un premier drame éprouva notre famille en 1978. Ma sœur Camille eut un grave accident de vélo alors que nous partions ensemble rejoindre des amis. Ses jambes passèrent sous les roues d'un camion. J'étais avec elle ce jour-là. Premier cauchemar de ma vie ! Culpabilité d'être passée à un carrefour sans penser que ma sœur allait vouloir me suivre. J'avais l'habitude de circuler à vélo. Elle non. Commencèrent plusieurs mois d'hospitalisation à la Pitié Salpêtrière à Paris dans le service du Professeur Judée qui lui sauva ses jambes in extremis. Lors de cet épisode douloureux, Maman se rendait quotidiennement au chevet de sa fille pendant que son mari se noyait dans le travail. Les affaires étaient difficiles, le choc pétrolier était passé par là, mon père semblait moins solide que ma mère.

Maman savait toujours se montrer rassurante dans les moments compliqués. Elle cachait ses angoisses pour ne pas nous inquiéter. Encore maintenant, j'ai du mal à tout savoir de ses tracas. C'est une « taiseuse. » Elle montre difficilement ses sentiments. Avec moi, c'est un peu différent car je suis expansive avec elle. Mille fois, je lui ai écrit des petits mots d'amour. Enfant, j'adorais lui offrir des fleurs achetées avec la pièce de monnaie que je gagnais laborieusement, du mimosa ou des œillets de poète. Les écrits ont toujours eu une place importante chez nous. Il était plus facile pour nous de s'exprimer ainsi. Je me souviens des lettres de ma grand-mère et de sa belle écriture que je déchiffrais avec délectation après avoir couru à la boîte aux lettres. Les mails et les textos étaient encore bien loin ! Je sentais dans ce papier tenu dans mes mains tout l'amour qu'avait mis Bonne-Maman pour m'écrire. Je devinais le temps qu'elle y avait consacré, le beau timbre qu'elle avait choisi et collé sur l'enveloppe pour venir ensuite enrichir ma collection. Maman s'était mise aussi à prendre la plume et à m'envoyer de jolies phrases. Quel bonheur de pouvoir relire ces petits billets quand je les sors de ma boîte à souvenirs !

Elle introvertie, moi extravertie, nous avons toujours été très proches, davantage encore avec les années. C'est une belle femme élégante de quatre-vingt-douze ans. Elle est tolérante et gentille vis-à-vis de chacun. Elle ne voit pas le mal chez autrui. Je l'ai rarement vu pleurer, se plaindre ou critiquer quiconque… Elle n'a jamais rien dit au sujet de Fiona. Si digne, même dans la souffrance. Elle nous a montré sa force quotidiennement depuis le début de cette histoire. Lorsqu'il lui est arrivé de fléchir, elle l'a fait secrètement, pour nous protéger, toujours. Maman a montré, face aux différentes épreuves de la vie, une force intérieure impressionnante. Elle est mon exemple. Lorsque je fléchis un genou, je pense à elle et me dis que je n'ai pas le droit de mettre le deuxième à terre car elle est debout contre vents et marées. Je me dois de l'être aussi pour ceux qui m'aiment.

Je me suis souvent interrogée : Comment aurait réagi mon père à l'annonce de la perte tragique de son unique fils ? Aurait-il eu autant de sang-froid ? Je sais maintenant que Maman, sous son apparente fragilité, était bien plus solide qu'elle ne le paraissait. J'en ai eu la preuve au cours des années qui ont suivi.

Ce soir-là au commissariat de Police, elle nous montrera à nouveau son courage. Mon oncle, que nous avions prévenu, l'avait conduite avec ma sœur aînée jusqu'au Commissariat. En arrivant, Maman sait déjà. Elle l'a deviné le 27 mai quand elle a été sollicitée par les gendarmes pour un prélèvement ADN. Ce jour-là, elle était sur la route avec sa sœur du côté de Millau. Elles rentraient le lendemain. Au volant, Maman pleurait. Elle avait compris.

Il est 23 heures. Elle est là, assise sur sa chaise, les épaules un peu plus voûtées que d'ordinaire. Pas de cri, pas de bruit, juste des larmes qui coulent sur ses joues, lentement. Avec beaucoup de précaution, la commissaire l'informe du décès de son fils, de la forêt où on a retrouvé son corps sans vie.

L'indicible est dit ce soir-là.

Encaisser les mots tel un boxeur qui prend des coups sans réagir, sans rien montrer, encore une fois pour nous protéger.

« Oh Maman, j'aurais tant voulu ce soir-là te préserver, te dire que tout cela était faux ! J'aurais aimé te prendre la main et t'emmener loin, si loin, pour t'empêcher d'écouter ces vilains mots, ces phrases que la pudeur m'empêche d'écrire de nouveau mais qui font si mal. Ce jour-là, on m'a arraché mon cœur et le tien aussi. »

23
Quels mots ?

Deux heures sonnent lorsque nous sortons du commissariat. Nous raccompagnons Maman et Jeanne chez elles. Elles vivent ensemble depuis le décès de Papa. Camille est repartie avec son conjoint pour rejoindre les siens. On s'appellera demain, ou plutôt tout à l'heure. La route du retour se fait dans un silence absolu, chacun perdu dans ses pensées. Yves nous accompagne tout au long du trajet.

Arrivés chez Maman, nous n'avons pas envie de repartir tout de suite. Besoin d'être ensemble. Que dire après cette soirée passée au commissariat ? Nous sommes… assommés. Des milliers de questions se bousculaient dans nos têtes. Nous n'avions aucune réponse. C'était trop tôt. Nous tentons de manger un morceau. Impossible, nos gorges et nos estomacs noués ne peuvent rien recevoir. Le feu s'agite dans la cheminée. Nous laissons voguer nos pensées en regardant danser les flammes…

Quatre heures du matin. Nous quittons Maman et Jeanne pour les laisser se reposer un peu. Mais comment dormir sachant que cette nuit et les suivantes seront peuplées de cauchemars ?

Nous allions devoir annoncer la nouvelle à nos fils. Blackout total à ce sujet. Seule reste dans ma mémoire l'annonce faite à mes neveux.

La commissaire nous avait informés que la garde à vue de Fiona serait très certainement prolongée. Les enquêteurs voulaient des aveux. Elle ne lâchait rien. Vingt-quatre heures ne suffisaient pas. Si tant est qu'elle se livre ! Nous devions attendre. Et surtout nous taire. Personne ne devait savoir qu'elle était placée en garde à vue. Il fallait rester discrets. Ne rien faire. Ne rien dire. Patienter. Encore.

Dans la matinée, un inspecteur de Police m'appelle pour me demander d'aller récupérer mes neveux. Lors de l'arrestation à son domicile, Fiona rentrait de l'école avec ses enfants. Une policière les avait emmenés incrédules chez la voisine.

— Vous allez devoir les prévenir de ce qu'il s'est passé, me dit-il.

— Comment cela ? Ce n'est pas vous qui allez leur annoncer ? Je ne peux pas ! C'est trop dur ! Comment vais-je pouvoir leur expliquer tout cela ?

— Faites du mieux que vous pourrez, vous saurez trouver les mots.

Il raccrochait rapidement.

Mais comment pouvait-on me demander cela ? Je n'étais pas formée pour expliquer à des enfants que leur père avait été assassiné et leur mère placée en garde à vue ! Mes mots allaient leur rester en mémoire toute leur vie ! Je devais les peser, les choisir. Je n'étais pas apte à le faire ! Un psychologue oui. C'était son travail !

On m'avait répondu que c'était impossible. Les enfants auraient juxtaposé psychologues et annonce du décès de leur père. Ce qui pouvait nuire à une thérapie future.

Je leur en ai beaucoup voulu. Car c'est avec moi que les enfants allaient faire l'amalgame.

À peine raccroché, j'appelais ma psychologue pour lui demander conseil. Assez rapidement après la disparition de mon frère, j'avais décidé de me faire aider. Je ne pouvais pas porter toute seule ce drame, bien trop lourd. J'avais autour de moi des personnes qui comptaient sur moi : ma mère, ma sœur aînée plus fragile, mes enfants encore jeunes et bien évidemment mes neveux. Je remercie aujourd'hui cette professionnelle pour son aide précieuse. Est-ce être faible que de chercher un soutien psychologique ? Je ne crois pas. Bien au contraire. C'est savoir se faire aider quand on en a besoin, se dire que seul on n'y arrivera peut-être pas, c'est être conscient de ses limites. C'est aussi vouloir aller de l'avant pour aller mieux même si ce n'est pas toujours facile de se confier car cela remue beaucoup de choses. Une aide ponctuelle peut être apportée mais lorsqu'on traverse des évènements traumatisants, une prise en charge sur du long terme me semble nécessaire. Car une fois le choc passé, il faut réapprendre à vivre, trouver des réponses à ses questions. Certaines de mes interrogations ne seront malheureusement jamais élucidées.

Ma psychologue est très claire sur la marche à suivre :

— Lorsque vous irez chercher vos neveux, il faudra leur dire la vérité, le plus simplement possible.

Mais quelle vérité ? Je ne la connaissais pas ! Je ne savais même pas comment était mort mon frère !

Simplement ? Mais comment dire les choses simplement dans une situation pareille ?

Je passais la journée à chercher les bons mots, les phrases justes, l'attitude la plus neutre à adopter avec mes neveux. Je les connaissais peu. Nous nous voyions uniquement dans le cadre de fêtes familiales. Fiona était une mère omniprésente. Elle laissait peu de place aux autres pour une relation avec ses enfants. Et ce, plus encore après la disparition de mon frère. Personne ne devait approcher sa progéniture hors de sa présence. Maman ne pouvait jamais les garder. Elle avait pourtant offert son aide à plusieurs reprises. J'avais également proposé de recevoir mes neveux après le « départ » d'Yves. Ils auraient pu ainsi se changer les idées et jouer avec leurs cousins. Systématiquement, elle refusait, prétextant qu'il fallait garder la cellule familiale intacte, ne pas la disperser. Encore une attitude que je trouvais étrange.

Dans l'après-midi du 2 juin, je me décidais enfin à appeler Justin, l'aîné de mes neveux, pour l'informer de ma venue le lendemain matin afin de les emmener chez nous.

— Pourquoi ne rentre-t-on pas à la maison ? me demande-t-il.

Justin étant de nature très curieuse, je coupais court à la conversation. « Ne t'inquiète pas, je viens vous chercher demain et je t'expliquerai tout. »

Je le sentais dépité et raccrochais rapidement.

J'ai en tête certains flashs de cette journée interminable du mercredi. Ce jour-là, nous devions attendre de savoir si Fiona allait être libérée ou pas (ce dont nous doutions puisqu'on nous avait demandé de récupérer les enfants). Je me souviens du premier appel téléphonique reçu en ce début d'après-midi. Une amie proche m'appelle. Je tente des banalités mais devine qu'elle cherche à me dire quelque chose. Je la sens très embarrassée.

— J'ai appris la nouvelle.

— Comment cela ?

— Euh… pour Yves.

Long silence…

— Tu sais déjà ?

— Toute la ville sait.

La nouvelle circulait dans la région depuis le 1er juin. Un des « amis » de mon frère, interrogé la veille par la police, n'avait pas su se taire.

« Yves a été assassiné ! Sa femme est en garde à vue ! »
La nouvelle s'était répandue comme une traînée de poudre.

Ce même après-midi, notre meilleur ami, Johan, était passé emprunter quelques outils. Je revois son intense émotion à l'annonce du décès d'Yves. Nous sommes dans le jardin. Il s'adosse contre le mur extérieur de la maison pour ne pas défaillir. Je sens à cet instant sa peine rejoindre la mienne. Johan avait connu Yves par mon intermédiaire. Ils étaient artisans tous les deux et talentueux dans leur travail. Ils s'appréciaient mutuellement. Mon frère décédé, j'ai rapidement ressenti envers Johan une tendresse de sœur. Un transfert.

Johan est mort il y a quelques années, il me manque beaucoup.

Je passais le reste de la journée à répondre aux nombreux appels. Seuls nos proches se manifestaient. Que dire à quelqu'un dont le cœur est déchiré ? Quels mots prononcer quand un ami est touché par la maladie, victime d'un accident ou de tout autre évènement dramatique ? Ceux qui souffrent n'ont pas tous les mêmes attentes, il faut tenter de les comprendre. Autour d'eux chacun réagit comme il peut. Certains restent, d'autres fuient. Être là, présent, disponible me semble être le plus beau des signes d'amitié ou d'amour.

Je cauchemardais toute la nuit sur la façon dont j'allais annoncer le lendemain à mes neveux la mort de leur père.

24
J'ai quelque chose à vous dire

Le jeudi 3 juin au matin, nous nous rendons avec ma sœur Jeanne et mon conjoint chez la voisine de Fiona. Je vais affronter à nouveau une des pires épreuves de ma vie. Annoncer à mes neveux la mort de leur père puis leur dire qu'il a été assassiné.

Devoir prononcer des mots qui vont faire basculer la vie de trois jeunes enfants m'est insoutenable.

Arrivés là-bas, la voisine, que nous ne connaissions pas, nous fait entrer dans son salon où patientaient ma nièce et ses deux frères. Anxieux est un mot trop faible pour décrire leur état d'esprit. Ils se doutaient que quelque chose de grave était arrivé. Je les revois assis tous les trois sur le canapé attendant mes mots. Jeanne avait pris le benjamin sur ses genoux, attendant que je parle. Mon cœur battait à mille à l'heure. Je ne perdais pas de temps en banalités, ils attendaient autre chose. Je me décidais enfin à parler :

« Les enfants, j'ai quelque chose d'important à vous dire. Il faut que vous soyez forts. Sachez d'abord une chose, votre Papa vous aime. Il n'est pas parti. Il ne vous a pas abandonné…

… Votre Papa est mort. »

Il fallait que je prononce le mot. MORT ! Surtout ne pas dire d'un être décédé qu'il est « PARTI » ! Mon frère n'était pas parti dans une autre région, encore moins parti avec une fille de vingt-cinq ans ! Mon frère était décédé. DCD. MORT !

Fiona nous répétait inlassablement depuis le 25 février qu'Yves était parti. Qu'entendait-elle vraiment par-là ? Parti-parti ? Partimort ? Il est si facile de jouer sur les mots. Pour les enfants, il fallait qu'il n'y ait aucune ambiguïté.

Les mots qui font mal sortent de ma bouche :

« Mort, assassiné »

Silence de mort.

Silence d'assassiné.

Je vois la détresse gagner le visage des enfants. Des larmes coulent sur leurs joues. Ils se regardent incrédules, ne voulant y croire.

Je me tais, attendant qu'ils encaissent le choc.

Puis les questions arrivent :

— Que lui est-il arrivé ? Comment est-il mort ? Où est-il ?

— On ne sait pas encore. On cherche ce qui a pu se passer.

— Et maman ? Où est maman ?

— Votre mère est en train d'aider les gendarmes à trouver qui a pu faire cela. Ils ont beaucoup de questions à lui poser. Elle doit encore rester avec eux.

Nous restons ainsi deux heures à tenter de répondre à leurs interrogations. Nous avons peu de réponses à leur donner, ne sachant pas nous-mêmes. Et puis, *elle* était encore en garde à vue. *Elle* pouvait encore sortir. Il faut leur laisser l'espoir, ne pas leur confier nos doutes. Pas maintenant. C'est au-dessus de mes forces. Je leur propose de venir chez nous, le temps de patienter quelques jours. Ils acceptent sans hésiter. Se serrer au sein de sa famille, c'est vital quand un drame survient. Les amis sont là, mais les liens du sang parlent. On a besoin des siens.

Ils prennent les quelques affaires qu'ils ont emportées précipitamment en quittant le domicile de leurs parents quarante-huit heures auparavant. Mon petit neveu de cinq ans et demi, que je connaissais à peine, serre son doudou dans ses bras. Les aînés portent leurs cartables la tête basse. Nous remercions brièvement la voisine et reprenons la route en silence. Comme ce trajet nous semblera long !

Arrivés chez nous en fin de matinée, Camille et son compagnon avaient rempli généreusement le frigo.

La table était dressée pour douze. Maman, partie chercher mon plus jeune fils Théo à l'école, serre ses petits-enfants dans ses bras à son retour. Les cousins s'installent ensemble au bout de la table. Tout le monde tente de faire bonne figure. Personne n'a faim. Les quelques pizzas commandées trouvent difficilement de la place dans nos estomacs. Nous parlons de tout et de rien. Nous n'osons pas aborder le drame, pas tout de suite. C'est trop tôt. Mes neveux ont juste besoin de sentir leur famille autour d'eux. Camille m'agace en désapprouvant la présence de canettes de soda sur la table, petit plaisir accordé aux enfants pour ce repas si particulier. Était-ce le jour pour de telles réflexions ? N'avions-nous pas autre chose à gérer ? La scolarité de Justin, Manon et Paul par exemple ? Ils devaient être remis rapidement dans le système scolaire pour côtoyer des enfants de leur âge afin d'éviter de trop cogiter. Il restait un mois avant les vacances d'été. Le samedi suivant, je rencontrerai la directrice de l'école du village où était scolarisé Théo afin de lui exposer notre histoire et lui demander de bien vouloir inscrire nos neveux dans son école jusqu'à la fin de l'année. Elle me recevra avec beaucoup de bienveillance et fera en sorte qu'ils intègrent, la classe de CM2 pour Manon et celle de Maternelle pour Paul. Les deux plus jeunes feront preuve de beaucoup de maturité en acceptant de se rendre en classe dès le lundi. Les choses seraient plus compliquées pour l'aîné. Nous avions l'intention de l'inscrire au collège voisin. Malheureusement, aucun de ses cousins n'y était scolarisé. Eric était parti au lycée et Jean à la fac. Justin refusait d'y être scolarisé. Il ne comprenait pas pourquoi on l'obligeait à retourner au collège puisque l'année scolaire était presque terminée. Certes, il restait peu de jours, mais nous n'étions pas en mesure de le garder à plein temps à la maison. J'allais devoir m'atteler à l'administratif et honorer de nombreux rendez-vous. Après d'interminables discussions et beaucoup de patience, il consentait enfin à reprendre le chemin du collège. Parallèlement nous chercherons à les remettre au sport. Il nous semblait essentiel qu'ils puissent par ce biais extérioriser leur mal-être. Étant nous-mêmes très sportifs, il nous sera facile de les entraîner dans cette direction.

L’après-midi du 3 juin passe lentement. Nous sommes ensemble serrés dans notre douleur… Pour tuer le temps, je décidais de prendre ma guitare pour jouer quelques airs.

Inconsciemment j’entonnais :

« *Oh Marie si tu savais tout le mal que l’on m’a fait* ».

À cet instant précis, je prenais conscience de tout le mal que l’on avait fait à Yves. Je posais brutalement ma guitare, m’enfuyais de la maison en courant comme une folle jusqu’aux bords de Seine. Je m’arrêtais dans une petite crique où j’avais l’habitude d’aller baigner mon chien. Là, je hurlais ma douleur.

25
Une organisation d'enfer

Après une garde à vue de quarante-huit heures, au cours de laquelle ma belle-sœur nie tout en bloc, elle est déférée le 3 juin à 19 heures 45 devant un juge d'instruction qui décide de la mettre en examen pour tentative d'assassinat, les enquêteurs ayant suffisamment d'éléments à charge.

L'enquête va suivre son cours. De notre côté, nous allons devoir gérer les priorités. Prévoir le quotidien avec nos trois neveux recueillis dans l'urgence et dans un contexte tendu pour tout le monde. Toute l'organisation de notre foyer va être revue. À l'époque, mes garçons ont plutôt tendance à se reposer sur moi pour l'accomplissement des tâches quotidiennes. Désormais, tout le monde va devoir participer.

Les habitants de notre village, rapidement informés de notre histoire, nous offrent leur aide. Ils s'impliquent à nos côtés.

Première problématique : habiller les enfants. J'ai fort heureusement conservé les vêtements de mes aînés pour leur plus jeune frère. Mes deux neveux auront de quoi se vêtir. Ma gentille voisine, maman de deux fillettes, me dépannera pour habiller ma nièce. Deuxième souci : Justin a besoin de se remettre sur les rails de la scolarité. Des amis dans le village vont s'investir pour lui donner des cours de soutien. Quel soulagement de pouvoir compter sur cette solidarité qui nous fait chaud au cœur !

Troisième problème à résoudre, le couchage. Les premiers temps, mes fils accueilleront leurs cousins dans leurs chambres. Il faudra pourtant trouver une solution plus pérenne et adaptée au rythme de chacun.

Appelons cela un heureux hasard, nous avions peu de temps auparavant transformé notre garage en salle de projection. Elle était aussi utilisée comme chambre d'appoint pour nos amis. La pièce fera l'affaire pour installer les lits des deux aînés, Justin et Manon. Paul dormira à l'étage avec mes fils.

Tout naturellement, chacun de mes enfants prendra sous son aile un de ses cousins. Mon aîné Jean écoute avec bienveillance les états d'âme de Manon. Mon second Eric gère les interrogations et les angoisses de Justin. Mon petit dernier accueille Paul comme un frère. Ils deviennent vite inséparables. Théo apprendra à partir de ce jour à partager son Papa et surtout sa Maman dont il est très proche, avec son cousin de quatre ans son cadet qu'il connaissait à peine.

Une fois tout le monde installé et la maison réorganisée, nous devrons nourrir ces trois bouches supplémentaires. Les aides financières n'arriveront pas tout de suite. Il faudra attendre une ordonnance du juge aux affaires familiales pour régulariser la situation. Juge que nous côtoierons un certain nombre d'années, compte tenu de la prise en charge des enfants. Une de nos cousines, installée aux États-Unis, nous aidera financièrement de façon complètement spontanée et généreuse. Une de ses sœurs fera de même. Des aides conséquentes qui nous soulageront beaucoup. Je tiens à les remercier encore une fois. D'autres amis d'Yves réuniront également de l'argent pour les enfants.

Les courses deviennent vite un cauchemar. Je décidais rapidement de me les faire livrer, ce qui me dégageait du temps sur mon agenda déjà bien rempli pour pouvoir effectuer d'autres tâches. Je n'avais pas trop de deux frigos pour tout stocker. De temps en temps, un oncle et une tante bienveillants nous concoctaient un plat mijoté qui réchauffait nos cœurs. Leur façon à eux de nous montrer qu'ils étaient à nos côtés. Pas besoin de mots. Ces attentions m'ont marquée. Notre famille avait déjà traversé des épreuves quelques années auparavant mais nullement comparables à celle que nous étions en train de vivre. À chaque fois, nous avions ressenti une forte chaleur et solidarité familiale.

Moi qui n'avais pas l'habitude d'être très organisée, allais apprendre à le devenir.

Petite parenthèse qui me tient à cœur :

Contrairement à mes deux sœurs qui travaillaient, j'étais, ce qu'on appelait à une certaine époque heureusement révolue, « une femme au foyer ». Je ne travaillais pas. À l'extérieur ! devrais-je dire. Car en réalité, la vie de ces femmes qui ne « travaillent pas » est une vie essentiellement tournée vers les autres et le don de soi.

Maman et Jeanne nous assistaient dans cette gestion du quotidien. Leur façon à elles d'oublier le contexte ou plutôt de ne pas penser. Innombrables lessives, séances de repassage, multiples conduites, rendez-vous médicaux, consultations chez les psychologues pour chacun des neveux rapidement pris en charge.

Je ne voyais plus le jour, qui était si court. Et les nuits si longues…

Ma sœur Camille gérait l'administratif avec moi. Elle recevait de temps à autre nos neveux mais son côté rigoureux les refroidissait. Elle préférait protéger sa famille et ne pas s'investir aussi intensément que nous. Qui avait tort ? Qui avait raison ? Quelle importance ? Face à un drame, chacun agit comme il peut, je n'ai pas à juger. De mon côté, je laissais juste parler mon cœur.

26
L'administratif

Je profitais des moments de calme durant lesquels tout le monde était en cours ou au travail pour m'occuper de l'administratif et rédiger les courriers nécessaires à la prise en charge de nos neveux. Une ordonnance avait été rendue rapidement pour autoriser leur placement dans notre famille. Étrange coïncidence, elle était datée du 21 juin, jour anniversaire de leur mère. Lorsque nous avions été désignés tiers dignes de confiance, la Juge n'avait pas « jugé » utile de nous dire que nous avions la possibilité de demander une allocation pour l'éducation de chaque enfant à titre d'indemnité. Cela ne coulait pas de source si nous n'en faisions pas la demande. Encore fallait-il que l'information nous parvienne ! Si minime soit-elle, nous souhaitions pouvoir en disposer. Une seconde ordonnance serait rendue à cet effet.

Je déplore que les familles, en pleine détresse, aient à aller chercher des informations qui ne viennent pas à elles spontanément. Les associations de victimes ou les avocats sont là pour vous apporter les renseignements nécessaires.

L'ordonnance nous permettrait d'effectuer les démarches nécessaires pour rattacher les neveux à notre foyer. Il faudrait également récupérer le certificat de décès.

Le lire…

Insoutenable.

Chaque jour nous apportait son lot de courriers à traiter, dossiers à remplir, documents à fournir pour les divers organismes que nous sollicitions : Sécurité Sociale, Caisse d'Allocations Familiales,

Assurances, Mutuelles, Banques. Nous devions raconter encore et encore notre histoire à nos nombreux interlocuteurs afin d'obtenir un renseignement, un conseil, une réponse. Je ne compte pas les centaines de courriers rédigés à l'époque pour demander de l'aide, des aides. Il fallait supplier souvent. Notre cas était si particulier. Il ne rentrait pas dans les cases des services publics. J'avais face à moi des personnes souvent empathiques mais d'autres parfois dotées d'une curiosité malsaine. Je traversais dans une même journée toutes sortes d'états émotionnels : désespérée, en colère, triste, découragée. Les démarches administratives étaient faites entre deux conduites chez le psy ou au service d'aide éducative, les devoirs à surveiller, les repas quotidiens, le lave-vaisselle à faire réparer, un lave-linge plus grand à acheter…

Parallèlement à ces problèmes d'intendance, nous allions devoir faire connaissance avec l'Institution Judiciaire :

Devoir nous familiariser avec le langage des ordonnances reçues. Il nous était étranger. Nous en ignorions les subtilités. Apprendre ce que signifiait une ordonnance de placement provisoire et ce qu'elle engendrait.

Connaître le rôle des différents acteurs : juge d'instruction, juge des libertés et de la détention, juge pour enfants, juge des tutelles.

Découvrir le rôle d'un tiers digne de confiance, d'un tuteur, d'un administrateur ad' hoc.

Les ordonnances pleuvaient jusqu'à nous rendre malades ! Ordonnance de mise en accusation, ordonnance de demande de mise en liberté, ordonnance de mise sous tutelle…

Je redoutais leur lecture et n'osais plus aller relever le courrier de crainte d'avoir à lire des documents effroyables ou des décisions de Justice « injustes ».

Durant toute cette période, j'aurai en tête deux phrases qui m'aideront beaucoup :

« Quand c'est difficile, pensons jour par jour. »

« L'être humain a en lui des ressources insoupçonnées qu'il va chercher au plus profond de lui-même lorsqu'il est au fond du gouffre ».

L'Histoire, la grande, l'a prouvé. Nous sommes capables d'une incroyable volonté lorsqu'il s'agit de survivre. Car pour moi, il s'agissait bien de cela.

27
Les professionnels du crime

La Justice pénale est exercée par des êtres humains dont la profession est d'apprécier les dérives, travers, pulsions d'autres hommes et de les sanctionner. Une multitude de métiers est rattachée à cette institution. Juges, mais aussi huissiers, greffiers, avocats, psychologues, psychiatres, médecins légistes, experts, surveillants pénitentiaires.

Avant de côtoyer la Justice, nous avions été en contact avec la police et la gendarmerie dont les informations sur l'affaire avaient peiné à se croiser. Je salue toutefois l'action de ces professionnels, souvent malmenés par l'opinion, qui mettent leur vie au service de tous. Ils ont été nos premiers interlocuteurs. Ils nous ont écoutés, conseillés, accompagnés jusqu'aux deux procès au cours desquels ils ont témoigné. Toujours attentifs et très professionnels. Leur travail pour arriver à confondre Fiona a été titanesque. Toutes les pistes, mêmes infimes, ont été exploitées et les preuves à charges accumulées. J'ai admiré leur pugnacité. La police scientifique a également œuvré efficacement. Sans elle, Fiona n'aurait pas pu être confondue. Quelques années plus tôt, elle aurait peut-être échappé à sa mise en examen. Avec patience et minutie, ils ont tenté de retracer les faits, afin de nous aider à comprendre le déroulé des journées du 25, 26 et 27 février.

Malgré leur travail, nous ne pourrons pas réellement poser un scénario sur la mort de mon frère puisqu'elle n'avouera pas. Nous ne saurons jamais ce qu'il s'est vraiment passé. Des questions restent en suspens. Non élucidées. Un élément inexploité ressurgira-t-il un jour ?

Un témoin tardif se manifestera-t-il ? Un besoin de soulager la conscience de quelqu'un qui n'aurait pas tout dit ? Je veux y croire.

Maman et ma sœur aînée sont interrogées à la PJ de Versailles dès le lendemain de l'arrestation de Fiona. On fait à Maman un prélèvement ADN qui confirmera une nouvelle fois que le corps retrouvé le 27 février dans les bois est bien celui de son fils. Ce jour-là, elles croiseront les parents de l'accusée. Rencontre impossible, regards fuyants, d'un côté comme de l'autre.

Nous sommes également convoqués là-bas le 4 juin avec mon conjoint et les deux aînés. Paul, âgé de cinq ans et demi, restera chez Maman.

Un escalier austère nous mène à des locaux qui le sont tout autant. Nous accompagnons nos neveux lors de leurs interrogatoires. Mon conjoint auprès de Justin. Manon et moi dans une autre pièce. Les paroles des enfants leur appartiennent. Mes oreilles se sont verrouillées. Plus tard, les enfants seront assistés d'un avocat commis d'office en qualité de parties civiles.

Le choix du professionnel qui va nous défendre fait débat. Maman et mes sœurs décident de prendre un avocat de la région. Après avoir longuement hésité avec Pierre, notre choix se porte sur un pénaliste parisien. Deux avocats ne seront pas de trop face à une accusée qui n'avoue pas.

Notre première rencontre avec cet homme à la stature imposante et à la belle voix grave reste gravée dans ma mémoire. Son charisme me plaît et me rassure sur le champ. Il maîtrise son sujet, c'est une évidence.

Nous nous sommes souvent félicités de ce choix. Notre conseil avait cependant un gros défaut, il fumait le cigare. Cela m'incommodait fortement. Je ne sais pas si les maux de tête en sortant de son bureau venaient des faits exposés ou des volutes de son barreau de chaise. Un mélange des deux très certainement. Je n'ai jamais osé le lui dire. C'est chose faite aujourd'hui.

À la lecture du dossier dans son bureau, quelques mois plus tard, je prendrai conscience de l'énormité du travail accompli par les enquêteurs. Trois pavés de quinze centimètres d'épaisseur nous attendaient. D'autres les rejoindront par la suite sur la pile. La consultation du dossier nécessitait de nombreuses heures. Pierre et moi repartions généralement de ces rendez-vous parisiens complètement hébétés. Un lourd silence nous accompagnait sur le chemin du retour, synonyme de digestion des révélations innombrables arrivées jusqu'à nous.

Comment Maman faisait-elle pour supporter tout cela ?

Nous étions submergés d'informations criminelles, à tel point qu'il nous était devenu impossible de visionner la moindre série policière à la télévision. Les *« Julie Lescaut » ou « Navarro »* de l'époque nous étaient devenus insupportables à regarder. Elles étaient pourtant « bon enfant » comparées aux Cold Case et autres enquêtes non élucidées qui font recette aujourd'hui auprès d'un public en manque de sensations fortes. Les radios ne réservaient pas une heure de grande écoute à tous ces crimes, ce qui est le cas désormais. ! Il y a un public d'auditeurs et de spectateurs pour cela. Fascination pour les histoires criminelles tout en espérant que cela ne vous arrive jamais. Quelle tristesse !

Je n'avais pas besoin de sensations fortes, j'avais mon lot.

Notre réalité dépassait la fiction.

« Je suis au cinéma ! » M'étais-je exclamée ce 1er juin à l'annonce de l'assassinat de mon frère. Car il s'agissait bien de cela. Un assassinat et non un meurtre.

J'apprenais la différence ce jour-là. L'assassinat implique la préméditation. Le meurtre ôte toute préméditation. La peine encourue dans ce cas est moindre, quinze ans maximum.

Il est donc d'usage d'incriminer d'abord au plus large, pour requalifier ensuite si besoin, car on ne peut pas faire l'inverse.

Ma belle-sœur se verra d'abord accusée d'assassinat lors de sa mise en examen puis condamnée pour meurtre. Alors que je persiste à croire qu'il y a bien eu préméditation.

Mon frère a été drogué, les analyses toxicologiques le confirmeront.

28
Conflit de loyauté

Aujourd'hui, avec vingt ans de recul, je peux enfin comprendre combien il a pu être compliqué pour mes neveux de se retrouver au sein de conflits intrafamiliaux, tout en ayant à faire face à une situation dramatique. En trois mois de temps, ils avaient perdu leurs deux parents, leur père assassiné puis leur mère incarcérée. Quelques jours après leur arrivée chez nous, leurs questions se faisaient plus insistantes.

— Pourquoi Maman ne rentre-t-elle pas ?

— Maman aide la police à savoir qui a fait « cela » à votre père.

— Pourquoi ne peut-on pas aller la voir ?

— Elle est toujours avec les policiers car ils pensent qu'elle ne leur a pas tout dit.

Un peu plus tard,

— Maman aurait caché des choses aux enquêteurs, elle reste encore un peu avec eux.

Puis, puis, puis…

Puis plus le temps passait, plus les enfants réalisaient que leur mère n'allait pas rentrer tout de suite. Manon faisait une violente crise de maux de ventre alors qu'elle visitait son futur collège. Justin avait des crises d'asthme à répétition et Paul se jetait sur son lit en déclarant « Je suis mort ! »

Les aînés voulaient aller vivre chez leurs grands-parents maternels qu'ils connaissaient mieux que nous. La juge aux affaires familiales n'accédait pas à leur demande d'autant que les parents de Fiona ne formulaient pas clairement le souhait d'accueillir leurs petits-enfants. Nous allions devoir le faire comprendre à Justin et Manon.

Nous tentions de trouver pour eux la moins pire des solutions et surtout d'éviter leur placement en familles d'accueil. Ils les connaîtront malgré tout.

Aujourd'hui, je saisis mieux l'existence et la nécessité d'offrir des structures neutres aux fratries. Je me demande parfois si la solution n'aurait pas été plus appropriée de les placer tous les trois au sein d'une même famille d'accueil pour leur éviter tout conflit avec leur propre famille.

Encore une fois, je ne regrette rien. Nous avons agi avec notre cœur.

Nous croisions épisodiquement les membres de la famille maternelle chez le juge pour enfants ou le juge des tutelles appelé désormais juge des contentieux de la protection. Rencontres également au service d'aide éducative. Il était évidemment compliqué pour nous de voir la mère ou la sœur de Fiona dans les salles d'attente. Comment pouvait-il en être autrement ? Pas un regard, pas une parole, à peine un bonjour murmuré du bout des lèvres. Elles épaulaient leur fille, leur sœur. Nous défendions une chair qui n'était plus, mais nous était chère.

La Justice nous ayant confié nos trois neveux, nous prenions notre rôle très au sérieux. Élever soudain trois enfants supplémentaires dans un contexte tendu entre deux familles était périlleux. J'affrontais les « tu n'es pas ma mère ! » parfois prononcés dans les familles recomposées. Mais dans cette histoire, le contexte était différent. Comment aurais-je pu être leur mère ? Inenvisageable pour moi ! Cela m'aurait mise à une place terrible ! Justin avait reçu une éducation d'enfant roi où le moindre de ses caprices était exaucé. Confronté parfois à des refus de notre part face à ses demandes, il insistait jusqu'à ce que nous perdions patience. Il refusait de se plier aux décisions des adultes et trouvait à y redire systématiquement. Les prémices de l'adolescence étaient là.

Quant à ma nièce, j'étais désemparée par son aplomb. N'ayant pas eu de fille, je ne savais quelle attitude adopter avec elle. À dix ans, elle avait une manière effrontée de vous regarder qui montrait bien qu'elle n'avait peur de rien ni de personne.

Cette petite fille avait manqué de beaucoup d'attention durant son enfance. Née avec une malformation des pieds, elle avait été soignée avec beaucoup de négligence. Sa mère avait minimisé l'état de sa fille qui aurait eu besoin de soins intensifs et réguliers pour retrouver une marche normale. À chaque fois, Fiona dédramatisait à outrance.

Lors de ses nombreuses fausses couches, elle se contentait de tirer la chasse d'eau des toilettes sans aucun état d'âme.

Quand on lui parlait de la tumeur au cerveau de sa sœur, elle comparait cela à un simple mal de tête.

Lorsque mon père était victime d'un AVC, elle en faisait peu de cas.

Quand Yves était parti, nous nous inquiétions beaucoup trop.
Quant à sa fille Manon, son problème de pieds n'était pas bien grave au point de négliger complètement sa rééducation.

Nous avions décidé avec mon conjoint de reprendre sérieusement les soins afin d'améliorer l'état des pieds de la fillette pour qu'elle puisse se chausser correctement.

La cohabitation avec les deux aînés durait six mois. Un élément déclencheur me faisait un jour prendre conscience que nous ne pouvions plus les garder à la maison. Un mercredi après-midi, alors que tous les enfants étaient présents, je m'apprêtais à rejoindre ma nièce et son frère aîné dans leur « chambre » au rez-de-jardin pour m'enquérir de leurs devoirs. Je percevais alors des bribes de conversation concernant mes enfants. C'était Manon qui déversait son animosité sur mes fils. Ce jour-là, mon sang ne faisait qu'un tour. Je descendais les marches quatre à quatre, furibonde.

— Répète un peu ce que tu viens de dire !

— Moi ? Mais rien du tout !

— C'est faux ! Je viens de tout entendre ! Tu trouves cela gentil de dire des méchancetés sur tes cousins qui t'ouvrent leur maison et leur cœur ?

Elle me regardait droit dans les yeux et niait à nouveau effrontément. Justin se faisait tout petit redoutant l'affrontement. Il n'en menait pas large.

Elle faisait face, petit bout de femme en souffrance. En manque de ses deux parents, elle était probablement envieuse de l'amour qui régnait dans notre foyer. Et surtout, elle ne supportait pas la relation forte qui était en train de naître entre son petit frère et moi. Manon s'était toujours beaucoup occupée de lui. Elle ne voulait pas que je lui ôte son statut de mère de substitution. Nous nous étions souvent heurtées à ce sujet. Je souhaitais la décharger de son rôle de petite Maman pour lui permettre de retrouver la place d'une fillette de dix ans. Elle ne l'avait pas compris.

Cet épisode me faisait beaucoup souffrir. Je prenais alors conscience de mes limites. Nous faisions le maximum pour nous occuper convenablement de ces enfants. Ceux-ci ne pensaient qu'à une chose : rejoindre leur famille maternelle et nous critiquer. Ma décision était prise. Nous allions arrêter cette prise en charge trop lourde pour nous. Pierre m'approuvait. Il fallait organiser d'urgence un conseil de famille. Cela ne pouvait plus durer.

29
Conseil de famille

Amis et membres de la famille sont conviés un samedi matin à la maison. Nous souhaitions discuter de l'avenir des enfants et des différentes problématiques d'hébergement et de scolarité pour Justin et Manon.

Concernant Paul, notre décision était prise. Après avoir consulté l'intéressé et nos trois fils, nous avions choisi de le prendre en charge. Très vite, nous avions ressenti un attachement particulier pour ce petit garçon de cinq ans et demi, si sensible.

Des souvenirs avec lui, j'en ai beaucoup, riches en émotions diverses, instants de bonheur, périodes de doute, épisodes douloureux.

Un des moments les plus intenses reste sa première fête des Pères, trois semaines après son arrivée dans notre famille. Il la fête avec nous et sans *lui.* Il a rapporté de l'école maternelle un poème pour son Papa. Tout naturellement, il s'est assis sur les genoux de mon conjoint qui vient de rentrer du travail et lui tend le poème autour duquel il a dessiné des cœurs pour son Papa. Nous le lisons ensemble. L'émotion nous submerge. Un silence, un regard, des larmes refoulées depuis trop longtemps. Ce jour-là, un lien très fort nous unit.

Cette même année, Manon écrit :

Pour mon Papa chéri
Cher Papa
Tu es plus beau que la terre, que les étoiles et que la lune.
Tu étais le plus gentil des Papa du monde

Et moi je t'aimais très très fort.
Il faut que tu saches que tu resteras dans mon cœur.
Et tu me manques.
Je t'aime très très fort
Je t'aime plus qu'au monde.

La garde de Paul étant résolue, nous devons nous pencher sur le sort des aînés. Qui va les accueillir ? Qui proposerons-nous au juge des affaires familiales à la prochaine convocation ? L'ambiance est pesante.

La sœur de Fiona nous a rejoints à ce conseil de famille. Pas facile pour nous de la recevoir. Pas plus simple pour elle d'être là, assise avec nous autour de la table.

Avec le recul, j'ai pris conscience de sa vulnérabilité. Elle a été manipulée par sa sœur qui, non seulement, lui avait volé son amoureux, mais s'était servie d'elle comme alibi durant la nuit du 26 au 27 février. Fiona avait prétendu avoir dormi cette nuit-là chez sa sœur.

Nos meilleurs amis Carole et Johan sont présents au conseil, les parrains et marraines des trois enfants également. Nous les croisions de temps à autre, le temps d'une soirée chez Yves et Fiona. Nous n'étions pas particulièrement proches. Comment se positionnaient-ils par rapport à « l'affaire » et aux deux familles ? Allaient-ils garder la confidentialité de ce conseil ? Nous connaissions la volubilité de certains.

Dès le début de l'affaire, nous avions conservé une certaine distance avec les amis d'Yves et Fiona. Nous n'avions confiance en personne et doutions de tous. Tout nous touchait, nous blessait.

Une fois tout le monde assis autour de la table, mon conjoint, tuteur des enfants, explique la situation, de plus en plus compliquée pour nous et finit par ces mots :

— Nous sommes dans l'impossibilité de continuer à veiller sur les trois enfants mais prêts à accueillir le plus jeune.

Il demande ensuite aux parrains et marraines de quelle manière ils pensent s'engager auprès de leurs filleuls. Certains s'impliqueront beaucoup plus que d'autres.

Je connais désormais le vrai sens de ce rôle, supposé remplacer celui des parents le jour où ils ne sont plus aptes à s'occuper de leurs enfants. Nous étions dans ce cas de figure.

Manon avait formulé le vœu d'aller chez sa tante Fanny. Après avoir écouté les points de vue de chacun, il est décidé de lui faire terminer son année dans le collège où elle est scolarisée et de la confier ensuite à sa tante maternelle. En attendant, une solution sera trouvée miraculeusement pour six mois chez une sainte femme de notre village. Je rencontrai cette belle âme par l'intermédiaire d'une amie. Elle proposera d'héberger Manon au sein de sa grande famille et l'accueillera avec un cœur débordant d'amour.

Quant à Justin, une autre idée nous était venue le concernant.

30
Amis pour la vie

Carole et Johan étaient nos amis pour la vie. C'est ce que nous pensions. Nous avons vécu ensemble vingt ans d'une amitié que nous pensions à toute épreuve. Nous étions toujours les uns chez les autres. Confidences, rires, souffrances, doutes, nous avons tout partagé. Notre triste histoire a eu raison de notre amitié.

Nous venions d'acquérir une maison dans un paisible village des bords de Seine. Carole et Johan y habitaient depuis quelques années. Nous les avions rencontrés au bord de l'eau. Nous y pratiquions ensemble notre sport favori, le ski nautique. Johan avait un bateau et aimait en faire profiter ses copains, les balader ou leur apprendre à skier. Ils étaient adhérents au club nautique. Nous aussi. L'ambiance y était bon enfant. Bénévoles et passionnés composaient cette association. Nous étions souvent sollicités pour des shows qui peuplent ma mémoire de sympathiques souvenirs. Nous étions contents de nous retrouver le soir pour passer un bon moment, discuter, boire un verre.

Carole et Johan avaient restauré une jolie petite maison en bordure de fleuve. Elle était accueillante et conviviale, à leur image. On se sentait bien chez eux. Dès le premier jour de notre rencontre, ils nous avaient conviés à partager leur déjeuner estival avec leurs amis. Tablée riante et animée autour de laquelle nous allions découvrir de belles et durables amitiés. Pendant ce temps-là, nos enfants s'ébattaient dans le jardin avec leurs futurs copains d'enfance. Aujourd'hui ils se côtoient encore. Ils adoraient l'ambiance de ces soirées d'été. Chacun apportait, qui un plat, qui une bouteille de vin, qui un morceau de fromage. Carole était la reine de la quiche. Inégalable sur cette savoureuse recette. Que de repas partagés avec eux par la suite !

J'aimais leur simplicité, le franc-parler de Carole, le côté introverti et un peu bourru de Johan et leur générosité de cœur. Elle travaillait dans une entreprise de transport. Elle avait quitté très tôt sa famille et avait pratiqué l'école de la vie plutôt que les bancs de l'école. Elle ne s'épanouissait pas dans son travail. Lui était menuisier. Il avait des mains en or. Peu démonstratif, c'était un loup solitaire. Il acceptait pourtant de passer devant Monsieur le Maire quelques années plus tard. Son petit « oui » timide en ferait rire plus d'un ! Un bateau de ski paré de jolis voiles les attendait à la sortie de la mairie. Ils y étaient montés souriants sous les vivats de la joyeuse assemblée.

Quelques semaines avant leur mariage, j'avais pris quelques clichés d'eux pour leur futur faire-part. À cette occasion, Carole et Johan s'étaient « déguisés » en mariés, empruntant des costumes utilisés lors des shows nautiques. La lumière était belle ce soir-là. Ils étaient radieux sur les skis, Carole dans son maillot de bain blanc et son voile léger, Johan en veste et canotier.

Ils n'avaient pas pu avoir d'enfant. Le couple n'avait pas entamé de démarche pour essayer de combler ce vide. Ils s'étaient faits à l'idée de rester seuls. Quelle preuve d'amour pour Carole que d'avoir mis sa maternité de côté, elle qui aimait tant les enfants ! Issue d'une famille nombreuse et aînée d'une fratrie de cinq, elle avait pris l'habitude de veiller sur ses frères et sœurs. Sa spontanéité plaisait aux enfants. Nos deux aînés âgés d'un an et trois ans l'avaient adoptée sur le champ. Ils l'adoraient. À la naissance de notre troisième fils, la question ne s'était même pas posée. Carole serait sa marraine. C'était une évidence.

Théo passait beaucoup de temps avec Carole qu'il surnommait « Kékèque ». Petit sobriquet que seuls les enfants ont l'audace de trouver ! Elle prenait soin de lui comme une Maman. J'étais rassurée de savoir que, si jamais il nous arrivait quelque chose, notre plus jeune fils serait entre de bonnes mains.

Ce n'est pas son filleul qu'elle prendra en charge.

Un soir, plus exactement un lundi soir, nous nous rendons chez eux avec Pierre dans un but bien précis. Leur demander d'accueillir Justin au sein de leur foyer. Nous avions noté que le jeune garçon aimait beaucoup leur compagnie qu'il recherchait de plus en plus. Après quelques banalités d'usage, mon conjoint prend la parole :

« Les amis, nous avons quelque chose d'important à vous demander. »

Silence. Yeux rivés sur nous.

« Nous devons trouver une solution à la fin de l'ordonnance de placement provisoire des neveux pour suggérer des familles au juge. Nous allons proposer de garder Paul et… Nous pensons que vous seriez vraiment la famille idéale pour Justin. »

Nouveau silence. Écoute attentive.

« Johan, tu es artisan comme Yves. Tu as travaillé avec lui. Tu le connaissais bien et tu l'appréciais. Accepterais-tu au nom de notre amitié et de celle qui te liait à Yves d'accueillir son fils ? »

Carole, avec qui nous avions évoqué le sujet en amont, est déjà prête à accueillir le jeune garçon. Une forte connivence les lie tous les deux. Ne reste plus qu'à convaincre Johan. Difficile de savoir ce qui se passe dans la tête de notre ami.

Pierre le prend alors à part et les deux amis se mettent à parler longuement. Je reste auprès de Carole. L'émotion est palpable. Nous savons que nos amis sont déjà très attachés à Justin. Et puis Johan se sent redevable de mon mari qui les a aidés financièrement à une époque difficile de leur vie. Il ne l'a pas oublié.

« D'accord, finit-il par murmurer, mais nous voulons avoir la main. Tu es le tuteur des enfants, mais nous déciderons de son éducation, puisqu'il vivra chez nous. »

Mon mari, un peu surpris par cette remarque inattendue, acquiesce et ajoute :

« Ça marche. Bien sûr, ne vous préoccupez pas de l'aspect financier, nous nous en occuperons. »

Nous n'avions pas trente-six solutions. Le placement chez Carole et Johan était pour Justin, de loin la meilleure. Une famille extérieure à notre famille, un couple que nous connaissions bien et en qui nous avions entière confiance. La marraine de Théo pour s'occuper de Justin, le rêve !

Carole était mon amie. J'adorais son côté « brut de décoffrage » et ses expressions pleines d'humour toutes droites sorties du tiroir. Johan était l'ami de Pierre. Il avait perdu son frère quelques années auparavant, dans un accident de voiture. Il connaissait la douleur de perdre un être cher. Nous étions soudés comme les doigts de la main. Une amitié forte, indéfectible. C'est ce que nous pensions. Le temps nous a prouvé le contraire. Notre amitié n'a pas résisté au tsunami, comme tout le reste.

Carole et Johan ont déménagé en Bretagne, emmenant Justin dans leurs bagages. Johan est décédé quelques années plus tard. Je ne l'ai pas revu.

Merci, Johan, pour tous ces moments d'amitié que nous avons vécus ensemble. Merci d'avoir offert à Justin ces heures en mer à pêcher le bar, passion commune qui vous a soudés. Justin continue de pêcher aujourd'hui dans tes traces avec le bateau que tu lui as confié.

Merci, Carole, d'avoir permis à Justin d'évoluer au sein d'une famille aimante et équilibrée, avec des valeurs. Ton franc-parler peut parfois en choquer plus d'un, mais tu dis les choses comme tu les ressens. Tu n'y vas pas par quatre chemins. Je t'ai revu deux fois depuis que tu es partie t'installer en Bretagne. Tu t'es déplacée un jour jusque chez moi pour « vider ton sac » et me dire tout ce que tu avais sur le cœur. C'était une époque où je n'allais pas bien. J'essayais de me reconstruire. Tu ne l'as pas vu. Tu m'as fait des reproches que j'ai trouvés si injustes. Tu m'as parlé d'égoïsme. Des défauts, j'en ai certainement, mais je ne pensais pas avoir celui-là. Alors oui, peut-être ai-je effectivement eu envie de penser un tout petit peu à moi après m'être oubliée pendant toutes ces années de combat ? J'étais devenue incapable de m'occuper des autres après avoir tant donné. Quand on se noie, on est obligé d'être égoïste, sinon on sombre. C'est ce qui a failli m'arriver. Heureusement, quelques mains se sont tendues, que j'ai saisies du bout des doigts.

Paradoxalement, au moment de partir, tu m'as dit :

« Ma porte t'est toujours ouverte. Tu peux venir quand tu veux. »

Je n'ai pas bien compris. Après tout ce que tu venais de me jeter à la figure, tu me tendais à nouveau la main. C'était tout toi. Tu disais les choses et puis c'était fini. Tu tournais la page.

Je suis venue te voir en Bretagne comme tu me l'avais proposée, pour te présenter mon nouveau compagnon. C'est la dernière fois que nous nous sommes revues. Tu nous as reçus gentiment. Ta nouvelle maison était toujours aussi accueillante. Johan n'était plus là. Je ressentais ce vide. Il y avait Carole et Johan. Il n'y a plus désormais que Carole. Johan est parti retrouver Yves au Paradis des artisans.

Toi Carole, toi Johan, vous êtes dans mon cœur pour toujours.

31
Le Rital

Evaristo, mon fidèle Ami. Evaristo, mon bel Italien.

Trente ans nous séparaient. Une belle amitié nous unissait.

Immigré en France dans les années cinquante pour répondre à un besoin urgent de main-d'œuvre mais aussi pour fuir la misère de sa région Les Pouilles, il trouvait un poste de chauffeur-livreur au sein d'un dépôt d'hydrocarbures appartenant au grand-père de mon époux. À la fois employé et ami de la famille, il voyait naître mon futur époux, assistait à notre mariage et devenait notre plus fidèle ami.

Mon rital était de toutes les fêtes familiales et amicales. Charmeur et beau parleur comme tout italien digne de ce nom. Autodidacte, il avait appris notre langue en arrivant en France et possédait ce délicieux accent latin que j'aime tant.

« Hé Bambina, commo vaï ?

En France, Evaristo était *l'Italien*. Quand il rentrait au pays, on l'appelait *le Français*. Pas facile d'être à sa place pour ces gens déracinés.

Il avait l'âge d'être mon père mais en bien plus fun.

Evaristo savait séduire les femmes par son humour et son charisme. Il avait beaucoup de charme mais était toujours très respectueux avec moi. C'était avant tout mon Ami. En revanche, une petite aventure avec Maman, du même âge que lui, l'aurait bien tenté. Elle ne le laissait pas indifférent. Ah sacré Rital ! Tu as raison, il n'y a pas d'âge pour aimer !

Si généreux ! Toujours là pour aider, m'écouter ou rire avec moi. Tout le monde l'aimait. Il savait mettre de l'animation dans les repas de famille. Nous adorions le voir chanter la messe en latin au moment de passer à table. Que de bons souvenirs partagés !

Il fait la connaissance de mon frère lors d'un repas de famille et s'entendra tout de suite avec lui. Ils travailleront ensemble sur de nombreux chantiers. Yves l'aidera aussi pour des travaux de rénovation dans sa maison du Berry, fruit de son labeur. Evaristo aimait y réunir sa famille et ses amis. C'était une personne simple dotée d'une grande générosité de cœur. Mon frère, qui n'était pas un grand voyageur, appréciait d'aller là-bas avec les siens. L'italien lui prêtait volontiers sa maison lorsqu'il partait dans les Pouilles.

Durant la période où nous recherchions mon frère, Fiona avait tenté de se faire inviter chez lui. Il avait refusé. Il ne voulait pas être mêlé de loin ou de près à une histoire sordide qui lui avait ôté son ami.

J'ignore où elle comptait s'installer dans le Berry après son déménagement. Elle aurait été assez sans gêne pour s'imposer chez lui avec ses trois enfants.

Evaristo est décédé il y a quelques années. Il est parti rejoindre Yves et Johan sur un chantier paradisiaque. Son sourire et sa jovialité me manquent. Notre amitié continue à travers celle que j'entretiens avec son fils aîné Gino qui lui ressemble trait pour trait et son adorable compagne Céline. Nous aimons parler ensemble de cet homme charismatique qu'Yves aimait beaucoup, comme moi.

32
Manon

La famille maternelle se retrouvera également dans une grande souffrance. Je ne la percevrai pas à l'époque, aveuglée par la mienne. La sœur et le père de Fiona, les êtres les plus sensibles de la famille, ne survivront pas au choc familial. Ils meurent à quelques années d'intervalle. Félix n'était plus que l'ombre de lui-même, terrassé par la douleur d'avoir, à la fois perdu un « fils » et compromis sa fille lors d'un interrogatoire. Il avait confié le 2 juin 2004 à un inspecteur de police :

« Je crois ma fille capable d'avoir commis un tel acte. »

Il est emporté par un cancer fulgurant quelques mois après l'incarcération de sa fille. J'avais appris par mes neveux son hospitalisation. Sa fille avait été extraite du Centre Pénitentiaire pour le voir une dernière fois. Elle avait continué de lui mentir alors qu'il lui réclamait la vérité avant de mourir :

— Dis-moi Fiona, as-tu tué Yves ?

Elle avait nié. Une nouvelle fois.

On m'avait informée du souhait de Félix d'avoir avec lui une photo de ses trois petits-enfants. Je savais que le temps lui était compté. Je décidais de lui en faire parvenir une rapidement. Je me souviens avoir couru derrière la camionnette du facteur qui effectuait sa dernière levée pour qu'il puisse recevoir cette photo tant attendue.

Une fois celle-ci reçue, il s'éteignait.

L'annonce du décès de son grand-père faisait l'effet d'une bombe chez ma nièce. J'entends encore son chagrin alors que je lui faisais part de la terrible nouvelle. J'étais porteuse à nouveau d'un triste message. Ce jour-là, elle extériorisait enfin sa peine, elle qui avait tant pris sur elle pour tenir bon jusque-là.

En juin 2005, Manon part habiter chez sa tante comme convenu. Elle a terminé son année scolaire et va pouvoir changer d'établissement. Un semblant de vie familiale et une période de répit lui sont offerts. Elle trouve enfin sa place chez son oncle et sa tante dont le jeune fils comble un peu l'absence de Paul, son petit frère.

Mais quelque temps après, la maladie de Fanny gagne du terrain. La tante de Manon se retrouve dans l'incapacité de s'occuper d'elle. La vilaine tumeur au cerveau s'est réveillée. Fanny meurt en juin 2008, laissant derrière elle un petit garçon de huit ans et son père terrassés par le chagrin.

Face à ce nouveau coup du sort, Manon se retrouve à nouveau sans personne pour s'occuper d'elle. Qui va la prendre en charge désormais ? Son oncle ne peut pas conserver sa garde. Les candidats ne sont pas légion. Elle va avoir quatorze ans et n'est pas encore en mesure de demander son émancipation. Ce qu'elle fera deux ans plus tard. Le juge aux affaires familiales décide de la confier, à sa demande, à la grand-mère maternelle. La cohabitation ne dure qu'un temps, l'aïeule étant vite débordée par sa petite-fille. Il faudra à nouveau trouver une solution d'hébergement pour Manon. Son parrain Florent et témoin de mon frère à son mariage propose alors de prendre le relais et d'accueillir l'adolescente. Il prendra son rôle à cœur. Je le remercie aujourd'hui pour son implication auprès des enfants d'Yves et notamment de Justin avec qui il entretient une relation pérenne. Figure masculine importante pour mon neveu en manque de repère paternel.

La cohabitation entre Manon et son parrain est encore un échec. Les limites fixées à la jeune fille ne lui conviennent pas. Elle ne savait pas saisir les mains tendues. Trop en souffrance, elle l'exprimait dans une agressivité à l'égard de tous. Malgré les différents modes de vie qui lui étaient proposés, aucun ne trouvait grâce à ses yeux. Seule sa tante avait su la stabiliser un temps. Mais elle n'était plus là. L'adolescente repart habiter une nouvelle fois chez sa grand-mère maternelle, davantage par dépit que par choix réel. Elle est très vite en échec scolaire. Pourtant d'un niveau correct en arrivant chez nous, elle aurait pu s'en sortir si elle avait accepté de l'aide. Je regrette qu'elle n'ait pas pu mener à bien ses études. Elles lui auraient permis de réaliser ses rêves. Elle qui en avait tant !

Pour gagner un peu d'argent, elle sert de temps à autre au restaurant familial. Ses frères apprennent aussi là-bas les bases du métier.

Manon est celle qui rencontrera le plus de difficultés dans son parcours contrairement à ses frères qui bénéficieront rapidement d'un foyer stable. Mais c'est aussi ce qui la rendra plus forte.

La deuxième tentative de cohabitation avec sa grand-mère ne fonctionnera pas davantage.

33
Pouille

En argot, malchance. Comment pouvait-on pu affubler un petit bonhomme de cinq ans d'un tel surnom ? C'est pourtant ainsi que Manon et Justin appelaient leur petit frère en arrivant chez nous. Nous choisissons très vite de le débaptiser et d'utiliser son vrai prénom : Paul. C'était un enfant que nous ne connaissions pas. Aux fêtes de famille, il restait muet, occupant peu l'espace, dans l'ombre de son frère et sa sœur. Sa frange mangeait son regard. Il était souvent absent. Ne souriait presque jamais.

Malgré les évènements terribles qu'il traversera, cet enfant va s'ouvrir aux autres, trouvant dans notre foyer l'équilibre et l'amour nécessaires à son développement. Nos fils seront formidables avec lui, l'accueillant comme un frère, le protégeant, lui insufflant le dynamisme qu'il n'avait pas. Nous le poussons à pratiquer beaucoup de sport, ce qui lui permettra d'exorciser les tensions accumulées dans son corps et son esprit.

Il devient l'un des meilleurs joueurs de l'équipe de basket du village. Ses adversaires se méfiaient peu de lui devant sa frêle stature. Il avait l'art de se faufiler dès les premières secondes du match pour marquer généralement le premier panier, ce qui en étonnait plus d'un. Il sera également un excellent joueur de tennis, encouragé par sa nouvelle famille, férue de sports.

À peine arrivé chez nous, je lui ferai donner des cours de natation par un ami maître-nageur. Nous sommes en été, mon neveu doit pouvoir évoluer sans risques au bord de l'eau où nous passons beaucoup de temps. Clin d'œil du destin, cet ami porte le même prénom que mon neveu. Il acceptera gentiment de lui apprendre à nager. Je lui sais gré du temps qu'il a consacré à ce petit bonhomme qui, en quelques semaines, évoluera dans l'eau avec délice.

Paul apprend également à se débrouiller sur les skis alpins jusqu'à exceller dans cette discipline. Il n'était jamais parti à la montagne jusqu'alors. Les seuls souvenirs de vacances avec ses parents se résumaient à quelques jours passés en Bretagne, une semaine en Turquie et des vacances à Cahors, dernière destination de villégiature de mon frère. Les enfants me rappelaient souvent ce rare souvenir de vacances en famille, petit trésor enfoui dans leur mémoire.

Il trouve véritablement sa place chez nous le jour où son frère et sa sœur quittent la maison. Il n'est plus alors l'un de nos neveux, mais le sixième membre de la famille à part entière. Nous lui donnons beaucoup d'amour et d'attention. Grâce à cela il reprend tout doucement confiance en la vie et s'épanouit un peu plus chaque jour. Nous lui offrons une place dans notre foyer mais il nous donne beaucoup en retour. Toujours gentil et attentionné envers les autres. Je constate parfois qu'il se sent tiraillé entre l'amour qu'il a envers son frère et sa sœur et celui qu'il nourrit à notre égard. Nous ne lui demandons pas de choisir.

L'amour, ça ne se divise pas, ça se multiplie.

Il est intelligent, clairvoyant et sensible. Maman et Jeanne lui font découvrir Paris et ses joyaux, les marchés de Noël alsaciens, les plages de Normandie, celles de la mer du Nord et bien d'autres lieux encore. Il s'ouvre au monde et aux autres progressivement. Elles lui présentent sa famille de Belgique, qu'il ne connaissait pas.

De mon côté, j'assure le quotidien, l'emmenant à l'école, m'occupant de ses devoirs, le conduisant chez le psychologue toutes les semaines. Contrairement à Justin et Manon qui ont vite arrêté leurs séances, Paul y va régulièrement. Nous tenons à l'emmener malgré les contraintes imposées d'une consultation par semaine. Nous considérons que c'est pour lui un espace parfaitement neutre pour se confier librement et avancer dans sa vie. Le soir, je lui lis des histoires pour que ses nuits soient peuplées de jolis rêves. Je le rassure, lui explique sans relâche l'importance de bien travailler à l'école pour qu'il puisse choisir plus tard un métier qui lui plaira. Il devient un excellent élève, apprécié par ses professeurs qui connaissent sa situation. Il est très aimé de ses amis qui lui sont restés fidèles aujourd'hui. Tous ensemble, ils forment une bande de copains formidable. Pas un goûter d'enfant ne se déroule sans lui. Il est le chouchou des parents et la mascotte du club de basket que son sympathique et dynamique entraîneur Vince mènera plusieurs fois à la victoire au niveau départemental. Quelques années plus tard, Paul me fera le plus beau des cadeaux en me remerciant pour l'éducation que je lui ai donnée durant ces six années. Le voir obtenir cette année son master en droit des affaires me rend extrêmement fière de lui. Je réalise qu'il a un mental d'acier et beaucoup de volonté. Il a géré seul ses études en ayant eu la chance d'avoir sur sa route des familles bienveillantes qui l'ont aidé à avancer. L'une d'entre elles l'a hébergé pendant plusieurs années l'accueillant comme un fils, alors que leur garçon et ami de Paul était parti vivre provisoirement au Canada. Je ne saurai jamais assez les remercier pour tout ce qu'ils ont donné à mon neveu et ce qu'ils continuent de faire aujourd'hui pour lui.

De mon côté, j'ai tenté d'inculquer à Paul un certain nombre de valeurs : le courage, la persévérance, l'honnêteté et l'humilité. Le laps de temps durant lequel nous l'avons pris en charge a été très court pour tenter de faire tout cela. Mais en le voyant aujourd'hui je me dis que nous avons réussi à lui transmettre l'essentiel. Nous lui avons aussi diffusé dans les veines une grosse dose d'amour. Il en avait besoin. D'autres après ont pris le relais mais aujourd'hui je réalise que Paul a réussi par lui-même, par sa volonté et son courage. Je suis très fière de lui et le lui dis.

34
Le service d'aide éducative

Une Action Éducative en Milieu Ouvert ou AEMO est ordonnée par le juge pour enfants. Nous allons devoir rendre des comptes à un service d'aide éducative. La mission de ces travailleurs sociaux consistera à établir un rapport pour le juge et l'Aide Sociale à l'Enfance (ASE). Ils devront évaluer la situation des enfants dans leurs familles respectives. Les relations avec ce service sont houleuses dès le début. Les locaux se trouvent à une demi-heure de chez nous. Les conduites nous prennent un temps considérable sur un emploi du temps déjà bien chargé. Les enfants s'entretiennent régulièrement avec les membres de ce service. Nous sommes aussi souvent convoqués, au même titre que la sœur de Fiona qui héberge Manon et nos amis qui accueillent Justin. Mon conjoint, en qualité de tuteur, fait l'objet de critiques incessantes. On le trouve trop autoritaire. Effectivement, il ne passe pas grand-chose à Justin, avec qui les relations deviennent de plus en plus compliquées. Nous ne supportons plus de recevoir des leçons d'éducation de ces travailleurs sociaux. Ils passent davantage de temps à nous faire des reproches qu'à nous aider. Dans service d'aide éducative, il y a *aide* ! Nous n'en avons pas vu un soupçon. Nous n'avions pas de manuel pour éduquer des enfants dont le père a été assassiné et la mère incarcérée. Devait-on nous jeter la pierre ? Nous trouvions cela révoltant. Un peu facile de s'en prendre à une famille qui tente de faire de son mieux pour aider des enfants en détresse ! Que nous reprochaient-ils ? Paul avait de très bons résultats scolaires, il pratiquait plusieurs sports, avait une vie sociale équilibrée et évoluait de façon positive dans tous les domaines.

Une seconde éducatrice vient prêter main-forte à la première à deux doigts du burn-out. Ces dames, agacées par nos arguments et nos remarques, veulent que nous leur obéissions au doigt et à l'œil, sans broncher. Nos remarques les exaspèrent. Des rapports assez mordants à notre égard sont rédigés qui nous laissent perplexes.

Nous étions convaincus de la nécessité d'un cadre à la reconstruction de ces enfants. Pour les rassurer mais aussi pour qu'ils apprennent où était leur place. Nous ne voulions pas nous engager sur le chemin de la pitié, cela ne les aurait pas aidés. Nous aurions pu démissionner mille fois face à cette tâche ardue mais ne l'avons pas fait. Mes mots peuvent paraître durs mais notre intention n'était que de tenter de leur donner au moins une bonne éducation. Nous savions qu'elle leur servirait dans la vie. Éduquer, c'est être attentif, prendre du temps, écouter, conseiller, se soucier, savoir dire non. Ce n'est pas être indifférent ou céder au moindre caprice.

Le courant ne passait définitivement plus avec les éducatrices. Mes neveux ne les appréciaient pas non plus. Mais les aînés savaient les utiliser pour se plaindre quand nous n'accédions pas à leurs désirs. Nous expliquions alors à ces dames que nous ne pouvions pas faire deux poids deux mesures à la maison. Nos propres enfants n'auraient pas compris. Vivant sous le même toit les six premiers mois, nos neveux devaient s'adapter à certaines règles.

Justin et Manon approchaient à grands pas de l'adolescence. Nous souhaitions les voir se structurer en leur opposant des limites. Aujourd'hui, ils ont pris conscience de toutes les interdictions qui existent, bien au-delà du cadre familial.

Les enfants recevaient de temps à autre des lettres de leur mère. Nous préférions en ignorer la teneur. Au fil du temps, les courriers s'espaçaient, remplacés par des allers-retours épisodiques au centre pénitentiaire.

Les éducatrices avaient reçu l'autorisation du juge pour accompagner les enfants à Fleury-Mérogis où était incarcérée leur mère. Les visites avaient été interdites pendant plus d'un an. Une enquête était en cours, le juge d'instruction voulait empêcher toute instrumentalisation des enfants. Il est rare qu'une mère incarcérée soit séparée aussi longtemps de sa progéniture. Ce sera le cas pour Fiona qui ne les reverra que le 29 juin 2005. Soit plus d'un an après son arrestation ! Un moment fort en émotions pour les enfants. Les éducatrices assistaient à l'entrevue. Nous savions que nous allions retrouver les enfants perturbés. Quoi de plus normal ? Ils avaient eu du mal à la reconnaître. Elle avait beaucoup maigri et s'était fait couper les cheveux. Mais je savais que son tempérament lui permettrait de ne pas se laisser abattre. Même derrière les murs de la prison, elle tiendrait le coup. La suite me donnait raison. Elle franchissait sans problème les étapes de son incarcération. Lors des visites, elle laissait les éducatrices de côté et se moquait des règles imposées. Elle ne s'intéressait pas à la vie de ses enfants. Seul son procès lui importait.

Et l'argent. Encore et toujours l'argent ! L'héritage lié au décès de son père la souciait davantage que le sort de sa progéniture. Elle était indifférente à leur détresse, n'écoutait pas ce qu'ils avaient à lui dire et ne parlait que d'elle.

Comme toujours.

Nous ne souhaitions rien savoir de ces moments au parloir ou plutôt dans cette pièce réservée aux mères et à leurs enfants. Nous devions aussi nous protéger. C'était lourd de récupérer Paul et sa souffrance bravement dissimulée pour nous épargner. Nous le laissions tranquille, présents si besoin.

Pour moi aussi, c'était compliqué. Je l'imaginais sur les genoux de sa mère. Aucune jalousie, mais l'impression que nos efforts quotidiens étaient compromis à chaque visite. Les aînés étaient aussi bouleversés par ces rencontres. Heureusement, à cette époque-là, nous ne les avions plus en garde.

Nos relations avec le service se dégradent au fil des années. Nous sommes souvent prévenus au dernier moment des rendez-vous. Nous devions toujours nous rendre disponibles au risque de nous voir reprocher de faire entrave à la Justice.

C'est à cette période particulièrement tendue, que Manon, ayant perdu sa tante, formule le vœu d'aller en famille d'accueil avec son petit frère. N'ayant plus personne désireuse de l'héberger, elle n'a pas d'autre choix que le placement. Elle souhaite y entraîner Paul afin de ne pas s'y retrouver seule. Le SAE adresse alors au juge pour enfants un rapport demandant le placement du frère et de la sœur. Le juge statue à cet effet.

Quel choc ! Nous faisons tout de suite appel de la décision et prenons une nouvelle avocate pour nous défendre dans cette affaire. Une autre bataille allait commencer. Nous ne pouvions accepter qu'on nous enlève Paul sur simple demande de sa sœur ! Il s'était bien intégré dans notre famille, menait une vie stable grâce à beaucoup d'efforts. Ils allaient perturber son fragile équilibre ! Tenait-on compte du choix du petit garçon ? Nous nous sommes battus comme des lions pour conserver sa garde. Je n'oublierai jamais ce 31 décembre 2008 où nous apprendrons par notre avocate une décision de Justice favorable à notre demande. Nous étions partis réveillonner à Belle-Île-en-Mer avec Johan et Carole et un couple d'amis. Théo, notre plus jeune fils et Paul étaient du voyage. Ce jour-là, le vent soufflait sur la pointe des Poulains. La mer était magnifiquement déchaînée. Au loin, on apercevait le fort de Sarah Bernhardt.

— Ici, Maître Scherrer. On a gagné ! Vous conservez la garde de votre neveu.

Mon Dieu, quel soulagement ! Les rires se mêlent à nos larmes. Je prends le petit garçon dans mes bras, nous nous regardons intensément. Nous avions gagné notre dernière bataille.

J'en frissonne encore aujourd'hui.

35
Familles d'accueil

Pourquoi la Justice n'a-t-elle pas placé tout de suite nos neveux dans une famille d'accueil si nous étions trop exigeants avec eux ? Cela coûte moins cher de placer des enfants dans leur propre famille pour autant qu'ils ne soient pas en danger, que de les accueillir dans une structure neutre. Les familles d'accueil sont en nombre insuffisant. Les candidats se font rares et la moyenne d'âge est élevée. La moitié de ces familles partira à la retraite d'ici cinq ans. Une émission récente pointait du doigt la légèreté avec laquelle ces familles étaient sélectionnées. En France, trois cent trente mille jeunes relèvent de la protection de l'enfance et la moitié sont envoyés en foyers et familles d'accueil. Faute de place, il arrive que certains enfants ou adolescents soient hébergés dans des conditions lamentables comme des hôtels sociaux où toutes les dérives sont possibles : drogue, prostitution, délinquance. La loi Taquet promulguée le 7 février 2022 interdira ces placements dans de tels lieux et améliorera la situation des enfants protégés. Les défaillances dans ce milieu sont telles, qu'un secrétariat d'État à la Protection de l'Enfance sera nommé au gouvernement en 2019.

Surprenant ce manque de familles d'accueil ! Les revenus sont plutôt conséquents. Certains foyers pourraient avoir envie de recevoir des enfants, uniquement par intérêt financier.

C'était le cas de Fiona. Peu avant son arrestation, elle envisageait sérieusement cette nouvelle activité dans le but d'un revenu confortable. Elle était en cours d'agrément. Plusieurs entretiens s'étaient déroulés avec les services sociaux qui s'apprêtaient à lui délivrer son habilitation. On peut s'interroger sur le sérieux de cette sélection. Rien n'avait été décelé chez elle qui puisse les inquiéter. Il restait cependant une dernière étape à valider : la rencontre avec mon frère afin de connaître ses motivations. Petit problème. Yves n'était pas très chaud pour ce projet, trouvant que trois enfants à la maison suffisaient amplement à leur équilibre. Il se débrouillait pour reporter sans cesse ce fameux rendez-vous. Fiona lui en voulait beaucoup. La rencontre n'aurait jamais lieu.

Quel coup du destin de voir la situation s'inverser ! Au lieu de devenir accueillants, mes neveux allaient être accueillis !

Ils côtoieront plusieurs familles d'accueil durant les années d'incarcération de leur mère. Le juge exigera des retrouvailles de la fratrie certains week-ends ou durant les vacances.

Nous redoutions de les voir partir. Ils se sentaient terriblement angoissés à l'idée d'aller dans un milieu qui leur était totalement inconnu pour y côtoyer des personnes dont ils n'avaient que faire. Lors de leur premier week-end en famille d'accueil, ils n'avaient pas eu l'autorisation de nous appeler et l'avaient fait en douce. L'environnement les stressait. Nous entendions leurs pleurs au téléphone. Ils rentraient très perturbés, ne souhaitant qu'une chose, ne jamais avoir à renouveler l'expérience.

Ils n'avaient pas le choix. Le juge les y contraignait régulièrement.

Ils parlaient peu de leurs activités durant ces séjours. Ils s'ennuyaient beaucoup mais étaient ensemble, résignés. La justice considérait que c'était important pour eux de se retrouver dans un endroit neutre. Ils pouvaient ainsi échanger librement. Nécessaire aussi pour nous afin de retrouver notre cellule familiale. Encore une fois avec le recul, ces décisions avaient été opportunes.

Au fil du temps, mes neveux étaient autorisés à passer leurs vacances chez nos amis Carole et Johan en Bretagne.

Ils y fêtaient ensemble quelques noëls. J'étais contente de les savoir là-bas même si je savais que Maman aurait aimé avoir ses petits-enfants auprès d'elle pour les fêtes.

36
Adieu

Quatorze mois plus tard

La juge d'instruction, malgré les multiples sollicitations de Maman, s'opposait à la restitution du corps de son fils. Il devait rester « à la disposition de la Justice » pour d'éventuelles expertises complémentaires. Nous étions incrédules et en colère à la fois.

Les polices scientifiques du monde entier étaient mobilisées à l'époque pour identifier les victimes du tragique tsunami du 26 décembre 2004. Il avait submergé une partie de l'Asie du Sud-Est et fait plus de 250 000 victimes.

On avait laissé Yves « au placard ». Il ne représentait plus une urgence. On l'avait identifié grâce à la correspondance de nos deux ADN. Nous savions où il était mais ne pouvions récupérer son corps. L'attente était insupportable.

Le 22 avril 2005, quatorze mois après son décès, à un moment où nous n'espérions plus, nos avocats nous informent que le corps d'Yves allait nous être rendu. Quel soulagement ! Triste certes, mais une consolation quand même de pouvoir enfin lui dire adieu. Lui manifester une dernière fois notre amour, tous ensemble, parents et amis réunis.

Maman souhaitait que son fils soit enterré dans le village où elle habitait. Ainsi elle ne serait pas loin pour se rendre sur sa tombe et lui apporter quelques fleurs. Ma belle-sœur, incarcérée mais considérée comme innocente à l'époque, s'oppose à cette décision par l'intermédiaire de son fils aîné. Elle avait des exigences alors qu'elle était inculpée pour l'assassinat de son mari ! Fort heureusement, elle n'obtient pas gain de cause. Elle faisait cela uniquement pour nous nuire, coutumière du fait.

Une autre fois, elle met son veto du fond de sa cellule à la vente de terrains que nous possédions en indivision. Non jugée et donc présumée innocente, elle était encore considérée comme épouse et héritière de mon frère. Nous avions besoin de sa signature pour vendre. Il nous faudrait patienter jusqu'au procès.

À la fin des ordonnances, elle demandait systématiquement des dommages et intérêts. La loi l'y autorisait.

« C'est le jeu, nous disait l'avocat.

Mais pour nous, ce n'était pas un jeu. C'était insupportable de lire cet alinéa en qualité de famille de victime !

L'enterrement est fixé au 28 avril 2005. Justin et Manon sont alors en vacances chez leur grand-mère maternelle qui accepte de nous les confier pour la journée. Elle exige toutefois qu'ils reviennent chez elle dès le lendemain.

La cérémonie a lieu dans l'église où nous avions été baptisés et fait nos communions. Je m'y étais également mariée. Je suis très attachée à cette belle petite église romane, dont j'aime la sobriété. Ce matin-là, la rue était barrée par un policier. Nous nous garons un peu plus loin, ce qui nous obligera à franchir les derniers mètres à pied sous le regard d'une foule dense et sombre. À cet instant, je réalise que je vais enfin retrouver mon frère tant attendu, au bout de quatorze mois. Mon conjoint et Paul me tiennent la main. Nos trois fils sont à nos côtés, présence forte et réconfortante. Dans le flou de ma tristesse, je reconnais quelques visages familiers que je salue de loin. Des copains d'Yves de longue date, des amis de mes parents, mes oncles et tantes, mes cousins, cousines, ma famille de Belgique venue pour la journée, mon parrain et sa femme, Evaristo, Carole et Johan. Tous sont là pour nous soutenir.

Dans cette foule silencieuse, j'aperçois soudain avec stupéfaction la mère de l'accusée, adossée contre une voiture, bavardant tranquillement avec une lointaine connaissance. Elle est venue, malgré le souhait que nous lui avions transmis de nous laisser en paix en cette journée de deuil. Elle ne le respectera pas. Elle s'installera au fond de l'église. N'osera quand même pas venir saluer une dernière fois le corps de mon frère et partira avant la fin.

Cet enterrement « tant attendu » est une épreuve de plus dans ce douloureux parcours. Je dois être forte, pour Yves, pour Maman, pour tous ceux qui comptent sur moi et pour moi. Je n'ai pas le temps de penser à mon chagrin. Je me suis engagée à lire ce fameux texte d'Henry Scott-Holland avec une des sœurs de Maman, que j'aime infiniment. Elle est la marraine d'Yves.

La mort n'est rien, je suis seulement passé dans la pièce à côté. Je suis moi. Vous êtes-vous. Ce que j'étais pour vous, je le suis toujours. Donnez-moi le nom que vous m'avez toujours donné, parlez-moi comme vous l'avez toujours fait. N'employez pas un ton différent, ne prenez pas un air solennel ou triste. Continuez à rire de ce qui nous faisait rire ensemble. Priez, souriez, pensez à moi, priez pour moi. Que mon nom soit prononcé à la maison comme il l'a toujours été, sans emphase d'aucune sorte, sans une trace d'ombre. La vie signifie tout ce qu'elle a toujours été. Le fil n'est pas coupé. Pourquoi serais-je hors de vos pensées, Simplement parce que je suis hors de votre vue ? Je ne suis pas loin, juste de l'autre côté du chemin. Vous voyez, tout est bien.

Je n'ai pas pu prononcer les mots que je souhaitais te dire ce jour-là petit frère. Oui, tu es devenu mon petit frère puisque je suis maintenant plus âgée que toi. Je veux te les offrir dans ce livre, en gestation durant tant d'années et que j'achève enfin.

« Comme je t'aime Yves ! Que de moments de bonheur partagés ! Des jeux de notre enfance aux pistes de danse, notre complicité a été totale. Tu avais à peine deux ans de plus que moi et déjà tu voulais me protéger. Aucun mot n'est assez fort pour exprimer tout l'amour que j'ai pour toi. Tu es une belle personne. Je garde en moi ces quarante-quatre ans de complicité fraternelle. Tu es dans mon cœur et y resteras jusqu'à ce qu'il cesse de battre. Alors, nous nous retrouverons là-haut et esquisserons quelques pas de danse, comme nous aimions le faire tous les deux. Tu m'emmèneras revoir nos chers « disparus ». Nous nous remémorerons les souvenirs du temps où nous étions heureux, légers et facétieux. »

Alors que je m'adresse à toi silencieusement dans cette petite église résonne la musique des « Choristes », choisie pour tes enfants, gamins oubliés égarés.

Vois sur ton chemin
Gamins oubliés égarés
Donne-leur la main
Pour les mener
Vers d'autres lendemains
Sens au cœur de la nuit
L'onde d'espoir
Ardeur de la vie
Sentier de gloire
Bonheurs enfantins
Trop vite oubliés effacés
Une lumière dorée
Brille sans fin
Tout au bout du chemin

Je monte avec Jeanne dans la voiture qui te mène au petit cimetière de campagne où un jour Maman te rejoindra.

Après t'avoir si longtemps attendu, je vais déjà devoir te quitter. Je n'en ai pas envie. Ces quelques heures ont passé trop vite. Et surtout j'ai oublié de déposer un dernier baiser sur ton cercueil à l'église. Je suis obsédée par cela. J'écoute le curé prononcer quelques dernières phrases qui s'envolent dans le vent et ne pense qu'à venir poser mes lèvres sur ta dernière demeure.

C'est chose faite. « Repose en paix mon frère chéri. Tout est bien. Nous t'avons retrouvé. Nous veillerons sur toi et tes enfants. »

Troisième partie

La justice

37
Le dossier

Nous tentions de vivre normalement dans l'attente du procès. Pas facile. Nous allions devoir répondre à la barre aux nombreuses questions qui allaient nous être posées. Nous ne pouvions pas oublier. Nous ne devions pas. Pour Yves. Nous nous rendions régulièrement chez notre avocat. Chaque rendez-vous nécessitait la prise de connaissance de nouveaux documents. Comment trouver les mots pour décrire ce qu'on y lisait ? Les professionnels se blindent à cela. Nous non. Nous prenions tout en pleine face, accueillant chaque information avec dégoût, stupéfaction, horreur. Cocktail de sentiments explosifs et ravageurs. La lecture des rapports scientifiques était de loin l'épreuve la plus insoutenable. Des images nous hantaient la nuit, le jour. Nous tentions vainement de les occulter.

Nous lisions de nombreux témoignages, passions rapidement sur les interminables listes de téléphonie, examinions avec intérêt les expertises psychiatriques et lisions les ordonnances et les conclusions des avocats.

La vie de mon frère et celle de Fiona avaient été fouillées minutieusement, analysées, commentées. Aucun détail n'avait été épargné. Mon frère n'était peut-être pas parfait mais il était la gentillesse incarnée, un peu crédule parfois. La défense avait notifié son penchant pour la boisson en oubliant d'évoquer le même travers chez l'accusée. Fiona était plus maligne, elle ne buvait pas en public. En revanche, elle ne détestait pas terminer les fonds de verres au restaurant de sa mère.

On traitait Yves d'incorrigible joueur de cartes alors qu'il avait en horreur les jeux de hasard. On le disait en lien avec des gens du voyage alors que c'est elle qui les avait contactés pour vendre les véhicules de son mari. Je ne retrouvais pas la personnalité de mon frère dans la description qu'en faisait la défense.

Je passais des journées à feuilleter ce dossier afin de me documenter, m'interroger, réfléchir.

La vérité. Je voulais la vérité. L'accusée allait-elle enfin avouer lors de son procès ? Peu probable. Elle n'avait pas craqué pendant les quarante-huit heures de garde à vue, même lorsqu'elle s'était confondue en faisant part de certains détails de la scène de crime qu'elle était censée ignorer. Elle avait tenu bon en prison sans être autorisée à voir ses enfants pendant plus d'un an. Elle avait supporté la mort de son père et de sa sœur, se rendant successivement à leur enterrement entre deux policiers. Plus rien ne pouvait l'atteindre à part peut-être un jour la maladie.

Nous étions convaincus qu'elle n'avouerait jamais.

38
La Cour d'assises
Quelques notions

Trois ans après les faits, délai courant pour une affaire au pénal, le procès allait enfin avoir lieu devant la Cour d'Assises de l'Essonne. La froideur des lieux rejoignait celle de mon cœur. La salle des pas perdus, nommée à juste titre quand on patiente avant la délibération du jury, s'apparentait à un hall de gare. S'y pressaient des hommes de loi, des journalistes, des passionnés d'histoires criminelles.

La cour d'assises, créée en 1791 sous la Révolution française, est une juridiction départementale, chargée de juger les crimes. Sa spécificité est d'être composée à la fois de juges professionnels et d'un jury. Peut devenir juré tout citoyen de nationalité française, âgé au moins de vingt-trois ans, sachant lire et écrire, non condamné pour crime ou délit et en pleine possession de ses moyens. *Les jurés* sont tirés au sort une première fois par le maire sur les listes électorales, puis par une commission spéciale placée auprès de chaque cour d'assises et en dernier lieu par *le Président du Tribunal de grande instance.* Il retient trente-cinq jurés et dix suppléants par session. Six sont pris en première instance, neuf en appel. Ils doivent prêter serment et voteront à bulletin secret *sur leur intime conviction.* La décision sur la culpabilité de l'accusé doit être prise à la majorité d'AU MOINS six voix sur neuf en première instance et d'AU MOINS huit voix sur douze en appel. La décision sur la peine à appliquer est prise à la majorité simple plus une voix. Le Président gère également les débats et définit en amont l'ordre de passage des différents intervenants. Il mène les discussions lors des délibérations avec les jurés pour prononcer ou non la culpabilité de l'accusé et décider avec eux de la peine prononcée. Il votera comme eux par bulletin secret. Il est accompagné par deux juges assesseurs qui voteront également.

La défense qui assiste l'accusé a pour mission de convaincre la cour et le jury de sa version des faits. Elle peut récuser quatre jurés.

L'avocat général défend les intérêts de la Société. Il suggère la peine. Il ne peut récuser que trois jurés.

Les avocats des Parties civiles défendent toute personne estimant avoir subi un préjudice physique ou moral demandant réparation, généralement les familles des victimes. Ils n'ont pas mission à révoquer les jurés.

Le greffier prend des notes et authentifie la décision.

L'huissier devenu *commissaire de justice* depuis le 1er juillet 2022 veille à l'ordre des débats. Il appelle les différents avocats, témoins, experts à haute voix et atteste de la validité des actes échangés entre avocats.

Les experts rassemblent les médecins légistes, psychologues, psychiatres et autres professionnels intervenant dans les aspects techniques de l'enquête.

Que de professions mobilisées autour d'un crime !

39
La voir enfin

15, 16, 17, 18 janvier 2007

Tribunal d'Evry

Ma nuit précédant l'ouverture du procès est peuplée de cauchemars qui m'accompagnent durant plusieurs jours. Revoir la femme qui a partagé la vie de mon frère et le lui a ôté, va être éprouvant. Heureusement, ce 15 janvier, notre famille et nos amis nous entourent physiquement et moralement et forment un rempart entre nous et les proches de Fiona. Je vois aussi ceux qui sont présents pour l'accusée.

Nos amis fidèles nous soutiennent par un regard appuyé, une étreinte, une poignée de main. Je sens l'angoisse monter en ce premier jour. Le seul fait d'imaginer *la* voir bientôt et me retrouver à quelques mètres d'elle me soulève le cœur. Peu avant d'entrer dans la salle, je sens un malaise me gagner. Vais-je être à la hauteur ? Je me précipite à l'extérieur et appelle en hâte ma psychologue avant que ne débute l'audience. Elle m'a dit de lui téléphoner en cas de besoin. Elle me prodigue quelques conseils emplis de bienveillance.

« Vous allez faire face. N'ayez crainte ! Ayez confiance en vous ! »

Les mots de cette femme qui me suit depuis trois ans maintenant et m'épaule dans ma reconstruction m'apportent le réconfort souhaité. Je serai forte une nouvelle fois, j'affronterai les regards, les questions des juges, des avocats et surtout, surtout, je *la* verrai enfin. J'ai tant attendu ce moment. Une épreuve certes, mais une libération aussi. Les familles de victimes se retrouveront certainement dans ces phrases. Ne jamais baisser les bras jusqu'à ce que justice soit faite mais ne pas oublier que celle-ci est rendue par des hommes, donc faillible.

Les familles attendent durant des années un procès qui sera douloureux. Il faudra remuer des traumatismes à peine enfouis, mais ce passage est nécessaire. Il faut en passer par là pour tenter de tourner une page. Si tant est que ce soit possible. Victimes et familles de victimes sont si vite oubliées. Elles repartent du tribunal avec leur peine, elles aussi. Elles se fondent dans l'indifférence la plus totale une fois le jugement prononcé. Une actualité en pousse une autre.

Nous n'avions aucune idée de la peine qui allait être réclamée par l'avocat général. Nous espérions surtout qu'elle se décide à avouer mais n'y croyions plus.

La sonnerie retentit, nous avertissant de l'entrée de la Cour. Le Président en robe rouge accompagné de ses deux assesseurs s'assied face à nous. Trois jurés s'installent de chaque côté des juges. L'avocat général et les avocats prennent place. Le greffier et l'huissier également.

L'accusée fait son entrée…

Mon cœur s'emballe. J'ai tellement envie de croiser son regard. Je vais le chercher durant toute la durée du procès. Elle ne tournera la tête à aucun moment. Elle n'en aura pas le courage.

Nous savions par ses enfants qu'elle avait maigri. Son visage est effectivement plus émacié et ses cheveux coupés courts. Elle a toujours ce même air suffisant. Un dessinateur judiciaire installé à nos côtés réalise quelques croquis. Les photos sont interdites dans ces lieux. Je note avec quelle justesse il retranscrit la personnalité de Fiona alors qu'elle ne laisse rien paraître. En quelques coups de crayons et de pinceaux, il a révélé ses principaux traits de caractère : mépris, froideur, impassibilité. En constante représentation durant sa vie, elle va le temps d'un procès, jouer le rôle principal dans ce théâtre des tragédies humaines appelé Cour d'Assises. Tous les regards sont braqués sur elle. Elle est au cœur des attentions. C'est son heure.

40
Le procès

Le déroulé d'un procès criminel est peu connu du grand public ou simplement à travers les séries télévisées ou les reportages diffusés par les médias. Pourtant, les procès d'assises sont ouverts à tous. Sauf ceux à huis clos.

Nous ignorions ce qui allait se passer exactement. Notre avocat nous avait brièvement expliqué mais nous allions quand même plonger dans l'arène sans filet. Maman s'était rendue quelque temps auparavant avec un de ses petits-fils à un procès d'assises. Elle voulait se faire une idée de ce qu'elle allait vivre !

Nous nous étions peu à peu familiarisés avec le vocabulaire des ordonnances que nous décryptions péniblement au début de l'affaire. Le contenu était souvent douloureux et le langage employé parfois ardu à comprendre.

Vu... Attendu... Considérant... En la forme... Au fond... Ordonnons...

Nous devions les relire plusieurs fois pour en saisir la forme et le fond. Nous nous faisions parfois aider par notre avocat pour saisir le sens de certaines tournures. Nous n'avions pas fait d'études de droit !

Le monde de la Justice est rempli de règles, de codes ignorés par le commun des mortels jusqu'au jour où il y est malencontreusement confronté. Lors d'un procès pénal, tout un scénario est mis en place.

Après avoir réclamé le silence, le Président du Tribunal prend la parole, présente les faits reprochés à l'accusée et expose les éléments à charge.

« … *Madame Fiona F., vous êtes accusée d'avoir volontairement donné la mort à votre époux Yves B. retrouvé dans la forêt de C. le 27 février 2004…*

Nous sommes une nouvelle fois contraints d'écouter l'inaudible.

Les juges font de ces tragédies humaines leur quotidien. Nous, non.

… *Vous pouvez garder le silence si vous le souhaitez.* »

Le président interrogeait ensuite l'accusée sur les différentes heures de « départ » de son mari qu'elle avait communiquées à son entourage. Lui demandait son emploi du temps des journées du 25, 26 et 27 février 2004. Il évoquait les multiples traces de sang retrouvées dans la chambre et la salle de bain, le palier, le mur extérieur sur le devant de la maison. Il s'étonnait des chiffons brûlés retrouvés dans l'insert, en même temps que les clés de la Safrane qui avaient malencontreusement disparu. La questionnait sur les médicaments qu'elle s'était fait prescrire quelques jours avant le drame dont deux somnifères sur la même ordonnance, ce qui est strictement interdit. Ajoutés aux anxiolytiques et aux antidépresseurs, ils forment un cocktail explosif. La dernière boisson que mon frère aura sans doute ingurgitée.

J'avais omis de relater aux enquêteurs un détail important. Lorsque mon frère sortait boire un verre avec des amis, Fiona lui préparait un *Doliprane* en vue d'un mal de tête éventuel. Yves devait sans doute en prendre de temps à autre. Avait-elle ce matin-là préparé un breuvage particulier ?

En écoutant l'accusée parler, j'essayais de me mettre à la place des jurés. Ils découvraient l'affaire en ce premier jour d'audience, n'avaient pas eu accès au dossier contrairement à nous et devaient se contenter de se forger leur opinion à partir de questions posées, de réponses apportées et de différents témoignages. La trouvaient-ils convaincante ? Moi pas. Elle était tellement hautaine ! Son attitude ne plaidait pas en sa faveur, j'en étais convaincue.

Se présentent ensuite à la barre les responsables de l'enquête, inspecteurs, inspectrices, officiers de gendarmerie. Ceux qui avaient établi la main courante de Fiona pour abandon de domicile et lui avaient fait remplir la Recherche dans l'Intérêt des Familles. Ils nous avaient reçues parallèlement pour écouter notre détresse et notre incompréhension sur l'attitude de Fiona. Ils s'étaient déplacés le 27 mars après notre déclaration pour disparition inquiétante, puis à la suite des cambriolages qu'elle avait déclarés. Ils avaient été alertés dès le début par certains détails dans la maison qui laissaient penser que ces vols avaient été simulés.

Entendue aussi la Brigade de recherche d'Evry avec qui j'avais été en contact, notamment pour réaliser le prélèvement ADN qui avait permis d'identifier mon frère.

Précieux ADN ! Grâce à cet *Acide Désoxyribonucléique*, macromolécule présente dans toutes les cellules et à des techniques en constante évolution, la police scientifique retrouve depuis 1985 d'anciens criminels qu'elle peut faire condamner et permettre ainsi aux familles de disparus de trouver enfin une paix relative.

Témoignent ensuite les policiers du SRPJ de Versailles qui avaient procédé à l'arrestation de Fiona. Ils expliquent les investigations menées, les faits constatés, les preuves mises en évidence et les circonstances de l'interpellation de l'accusée.

« *Nous nous sommes rendus à son domicile le 1er juin à 16 h 30. Elle était partie chercher ses enfants à l'école. Elle est arrivée à 16 h 45. Elle n'a pas paru surprise de nous voir. Après avoir fait prendre aux enfants quelques affaires, une de nos inspectrices les a emmenés chez la voisine, amie de leur mère. Une fois seuls avec elle, nous l'avons informée du décès de son époux. Elle n'a eu aucune réaction. Pas de larmes, pas de cris. Rien. Nous lui avons lu ses droits.*

À partir d'aujourd'hui 1er juin 16 h 45, vous êtes placée en garde à vue pour l'assassinat de votre mari Yves B. et ce, pour une durée de vingt-quatre heures, auxquelles peuvent s'ajouter vingt-quatre heures supplémentaires si besoin. Vous pouvez demander qu'on prévienne un membre de votre famille, être assistée par un avocat, demander à voir un médecin. Vous avez droit de garder le silence. »

Fiona n'avait demandé aucune assistance lors de son arrestation. Elle se pensait assez forte. N'avait besoin de personne. Toujours cette haute estime d'elle-même ! J'écoute avec une extrême attention chaque détail de leur enquête bien que connaissant parfaitement le dossier. Les rapports sont une chose, les témoignages oraux beaucoup plus « parlants ». Nous sommes face au cauchemar qu'a pu vivre mon frère.

Les policiers relatent la teneur des interrogatoires dans lesquels elle s'est confondue à plusieurs reprises. Sa façon de les prendre de haut, de nier tout en bloc en disait beaucoup sur sa personnalité, confirmée par l'analyse psychiatrique décrivant « des traits marqués de valorisation narcissique ».

« C'est un complot ! Je ne suis pas responsable de la mort de mon mari ! Je n'ai ni la stature ni le mental pour effectuer un tel crime ! » Avait-elle protesté lors de sa garde à vue.

Nous pensions le contraire.

Maintenant ses déclarations, elle leur affirmait que son mari avait quitté leur domicile vers dix heures après une dispute pour aller rejoindre une femme de vingt-cinq ans qui l'attendait dans un Scénic de couleur grise. La comédienne connaissait bien son texte.

La garde à vue s'était prolongée de vingt-quatre heures après autorisation du Juge d'instruction. *En effet, en fonction de la gravité de l'infraction, sa durée peut aller jusqu'à quarante-huit heures, voire davantage pour les affaires de terrorisme (cent quarante-quatre heures).*

Les enquêteurs du SRPJ de Versailles étaient arrivés à force de patience et de ténacité à accumuler suffisamment de preuves. Au terme des quarante-huit heures, Fiona était placée en détention provisoire.

Durant les prises de paroles des nombreux témoins, la Cour, les avocats et les jurés pouvaient intervenir à tout moment.

Étaient ensuite entendus les différents experts techniques (médecins légistes, police scientifique) et leurs conclusions, les plus dures à entendre. Des mots insoutenables qui soulignaient le machiavélisme des actes effectués. Des traces ADN de Fiona identifiées sur le mégot retrouvé sous son corps venaient corroborer ces accusations. Sans cet ADN, son crime aurait été presque parfait.

Je ne remercierai jamais assez tous ces professionnels de la police scientifique qui œuvrent dans l'ombre et sans relâche pour aider à trouver la vérité et apaiser le tourment des familles.

Fiona plongeait définitivement lors de sa garde à vue lorsqu'elle évoquait la nudité de son mari découvert par un cycliste au petit matin. À aucun moment, les enquêteurs ne lui avaient parlé d'un corps dénudé. Comment le savait-elle ? Avait-elle trop parlé, comme à son habitude ?

Les experts en personnalité ne relevaient aucune pathologie de maladie mentale sur Fiona.

On attribue à Yves de nombreuses liaisons. Les enquêteurs n'en trouveront qu'une seule. Une jeune femme qui mettra un terme à leur relation six mois plus tard. Aucun autre numéro de téléphone ne sera relevé laissant supposer une aventure extra-conjugale. Yves parlait plus qu'il n'en faisait.

Nous sommes bien sûr entendues en qualité de parties civiles.

Parler est une épreuve, nécessaire. Je racontais les démarches entreprises pour tenter de retrouver mon frère. Les doutes à l'égard de ma belle-sœur. Les raisons qui m'avaient poussée à me méfier d'elle. Nos échanges téléphoniques de plus en plus espacés. Mes deux visites chez elle. Mes démarches à la gendarmerie. Manu Association.

Je n'aurai aucun mal à me rappeler des évènements trois ans plus tard. Ils sont ancrés en moi à vie. On pense commencer à oublier puis un mot suffit pour faire tout ressurgir. Je m'en aperçois aujourd'hui.

J'avais tout noté, les différentes heures de « départ » d'Yves, le lieu où il était censé se trouver dans la maison quand les enfants étaient partis le matin : dans le salon à réunir ses affaires ou allongé sur son lit comme l'affirmait Justin ?

L'accusée pouvait intervenir à tout moment. Elle s'en gardait bien. Elle restait mutique, se contentant de répondre aux questions qui lui étaient posées ou à protester argumentant d'un complot. Son passé familial est abordé. Pas vraiment de circonstance atténuante dans son profil. Née de parents très pris par leur vie professionnelle, la mère dans son restaurant, le père dans son atelier, elle était souvent livrée à elle-même. Après une scolarité très moyenne, elle n'obtenait pas son baccalauréat. Elle trouvait un emploi de vendeuse dans un magasin de meubles. Elle rejoignait finalement le restaurant familial et y rencontrait Yves. Une vie si banale pour une femme qui avait tant envie d'être sous le feu des projecteurs !

La mère, la sœur et le beau-frère de Fiona témoignent également pour dépeindre un tableau d'une épouse irréprochable, mère attentive, épouse conciliante.

Ils racontent la soirée du 25 février au cours de laquelle Fiona les avisera du départ d'Yves. Ils évoquent également la nuit du 26 février durant laquelle Fiona *a dormi* chez eux. En étaient-ils vraiment sûrs ? Peut-être s'était-elle absentée durant la nuit et n'avaient-ils rien entendu ? Peut-être s'était-elle fait aider par un complice ?

Que de peut-être !

Entendus également des témoins de moralité, soucieux d'apporter des précisions sur la personnalité de la victime ou de l'accusée.

La parole est ensuite donnée à nos avocats.

Celui de Maman et de mes sœurs tout en sobriété. Je trouve sa plaidoirie intelligente et convaincante. Il les représente bien.

Notre avocat, plus charismatique. Il a l'habitude de plaider au pénal, cela se voit.

Un conseil a été désigné pour mes neveux. Il aborde leur détresse, leur incompréhension, leur vie brisée.

Débute ensuite le réquisitoire de l'avocat général. Il rappelle point par point au jury attentif chaque élément de preuve à charge contre l'accusée. Puis il prononce avec force sa dernière phrase, celle qu'attendent toutes les victimes et familles de victimes :

« En conséquence, je réclame une peine de...
...quinze ans de prison »

Je m'écroule.

Une pause est annoncée par le Président.

À la sortie, dans la salle des pas perdus, je me blottis dans les bras de mon fils Eric, hurlant mon incompréhension d'un réquisitoire si peu sévère. Je suis anéantie. Le public qui évacue la salle me regarde d'un air compatissant.

Quinze ans seulement ! Pourquoi si peu, après tout cet acharnement sur mon frère ?

*On devine (*le corps de mon frère a été brûlé*) un homme de type caucasien, à la pilosité châtain clair, mesurant un mètre quatre-vingts, âgé entre vingt-deux et trente-cinq ans. Le foie est éclaté, la tête, les mains et les pieds sectionnés à l'aide d'une scie électrique. Le dos et les vertèbres D5, D6 ont été touchées*, lit-on dans son certificat de décès.

C'est dur, c'est violent, c'est… je ne trouve pas les mots tellement c'est extrême !

Après la pause c'est à la défense de plaider. Toujours difficile à entendre pour les parties civiles. J'ai la terrible impression d'assister au procès de mon frère. On le traîne dans la boue. Il a tous les défauts, volage, alcoolique, joueur, et tout cela sans aucune preuve !

C'était révoltant de voir salir son image ainsi. Il passait du statut de victime à celui d'accusé. J'étais outrée. Aucune attitude de sa part ne pouvait justifier un tel acte ! Il n'était ni volage, ni violent, ni jaloux. Il était juste un vrai gentil garçon.

Avec du recul, on regarde la Cour d'assises d'un autre œil. C'est un théâtre où chacun tient un rôle bien précis. On y joue de phrases assassines et d'effets de manches. Une seule mission pour les avocats : déstabiliser les parties adverses et défendre leur client quel que soit le côté !

À la suite de cette dernière plaidoirie, le président demande à l'accusée :

« Souhaitez-vous faire une dernière déclaration ? »

Elle se contente de mentir une dernière fois :

« Je suis innocente. »

S'ensuivra le long, très long délibéré. Je comprends pourquoi on appelle ce grand hall d'attente la salle des pas perdus. On y chemine des heures durant. On y parle, on y réfléchit, on s'y questionne, on s'y impatiente, on y doute.

Les heures passent interminables.

Pendant ce temps, les jurés et les trois magistrats ont à répondre à deux questions :

L'accusée est-elle coupable des faits qui lui sont reprochés ?

Si oui, quelle peine doit être appliquée ?

En cette fin d'après-midi du 18 janvier 2007, je rembobinais les moments forts du procès :

Son arrivée dans le box des accusés.

Les témoignages des enquêteurs et des experts.

Sa façon hautaine et si peu convaincante de répondre aux questions du Président.

Son attitude indifférente face aux photos de la scène de crime qui lui étaient présentées en même temps qu'aux jurés. Pas un mouvement de recul ou d'horreur. Pas un haussement de sourcil. Rien.

Mon écœurement qui m'obligeait à sortir plusieurs fois de la salle.

Les plaidoiries des avocats.

Maman digne, courageuse.

Après plusieurs heures de délibération, une éternité, nous sommes invités à regagner la salle pour prendre connaissance du verdict. Lorsque la Cour entre, un silence impressionnant se fait entendre. Nous attendons tous, suspendus aux lèvres du président.

Lorsque le verdict est prononcé, je n'entends qu'un seul mot :

COUPABLE.

Une immense bouffée d'oxygène envahit mes poumons sclérosés.

VINGT ANS, cinq ans de plus que la peine requise par l'avocat général, fait rarissime !

Je pousse un soupir de soulagement.

À l'annonce de la sentence, le visage de la meurtrière restera de marbre comme celui qui couvre les tombes des cimetières.

41
L'appel

20, 21, 22, 23, 26 mai 2008

Tribunal de Créteil

La possibilité de faire appel d'une décision de justice prise en première instance est assez récente. Elle date du 15 juin 2000.

À réception de la notification concernant sa condamnation, Fiona a un délai de dix jours pour se manifester. Elle attendra le dernier jour pour interjeter appel, soit le 26 janvier 2007.

Un deuxième procès va avoir lieu, à notre grande déconvenue. Nous allons devoir nous replonger dans des souvenirs que nous tentons vainement d'oublier.

Je me revois apprendre la mauvaise nouvelle par mon avocat qui m'appelle ce vendredi. Je me doute que Fiona va faire appel. Mais plus les jours passent, plus j'ai envie de croire que cela va enfin s'arrêter. La condamnée ne l'entend pas ainsi.

L'affaire est renvoyée devant le Tribunal de Créteil dans le Val-de-Marne. Elle ne peut être jugée deux fois dans le même département. Les dates d'audience sont fixées à la fin mai pour cinq jours. Nous devons nous replonger dans le dossier et étudier les pièces qui s'y sont ajoutées. Des heures et des heures de lecture, de nouvelles nuits sans sommeil. Seize mois à patienter, se souvenir de nouveau, sans pouvoir passer ou penser à autre chose. Le dimanche précédant le verdict, nous sommes ensemble à la maison à l'occasion de la fête des Mères.

Encore une étrange coïncidence ! Mes trois fils et mon neveu Paul nous entourent. Maman est là également en ce jour où Yves aurait dû être auprès d'elle. Elle ne montre pas sa tristesse de passer ce jour sans lui. Le verdict va être prononcé le lendemain.

Nous avons déjà passé quatre jours de procès au tribunal de Grande Instance de Créteil qui ressemble à celui d'Evry, impersonnel et froid. C'est un grand bâtiment en forme de livre de la loi, construit à la fin des années soixante-dix. Nous sommes mal installés, les bancs en bois sont durs. Je sais que cette position assise va être inconfortable pour Maman qui est âgée. À cela s'ajoutent toutes les horreurs qu'elle entend pour la seconde fois. Lorsqu'elle témoigne à nouveau à la barre, elle extériorise pour la première fois sa peine immense et laisse couler ses larmes. C'est le seul moment où je la vois nous montrer sa peine.

L'accusée nous apparaît beaucoup plus en forme que lors du précédent procès. Elle a repris quelques kilos et fait preuve de beaucoup plus d'assurance. Elle a été cette fois-ci plus vigilante sur sa tenue et porte une robe noire, sobre, sans doute bien conseillée par son nouvel avocat, un spécialiste des causes perdues.

Cette fois, ses deux aînés, respectivement âgés de treize et seize ans, sont présents, autorisés à assister au procès de leur mère en compagnie de leur administrateur ad'hoc. La Justice a trouvé préférable d'ôter la tutelle à mon conjoint, en prévision des procès à venir. Paul est trop jeune pour y assister. Je suis appelée une nouvelle fois à témoigner pour raconter encore une fois mes recherches, mes doutes, mes interrogations, mes espoirs, mon découragement, mon entêtement. L'avocat de l'accusée s'escrime à me poser des questions supposées me déstabiliser. Il n'y arrivera pas. Je connais parfaitement le dossier et n'aurai aucun mal à lui répondre, même si parler devant une cour d'assises est une épreuve. Contrairement à l'accusée, je n'ai rien à cacher. Je suis sincère comme dans la vie. Galvanisée par l'amour que je porte à mon frère. Rien ne me fait peur. Mon courage, je le trouve dans les liens du sang.

Nouveau procès, nouveau Président, nouveaux jurés, nouvel avocat de la défense, même histoire, mêmes parties civiles, même accusée, même victime.

Autre verdict.

Fiona est à nouveau déclarée coupable, condamnée à la majorité absolue à quinze ans de prison au lieu des vingt années prononcées lors du premier procès. Elle aura la peine maximale donnée pour un meurtre, à savoir quinze ans. Elle devra ce verdict clément à un avocat beaucoup plus compétent mais aussi à un fait important qui jouera en sa faveur.

Les photos de la scène de crime ne seront pas montrées au jury lors de ce deuxième procès. Pourquoi en a-t-il été décidé ainsi ? Je reste persuadée que cela a impacté le verdict du jury qui aurait peut-être été moins clément.

Amère déception. J'essaie de me consoler en me disant que l'essentiel n'est pas tant la peine infligée que la culpabilité prononcée. Dix, quinze, vingt ans. Le nombre d'années réclamé par l'avocat général n'est de toute façon pas celles effectuées. On peut souvent diviser par deux. Pour les victimes ou familles de victimes c'est un nouvel affront que de voir sortir plus tôt que prévu ces criminels pour « bonne conduite » ! Le nombre d'années que Fiona a fait derrière les barreaux ne nous a pas ramené mon frère, son fils, leur père, Yves. En revanche elle va vivre jusqu'au bout avec son lourd, très lourd secret.

Nous quittons le tribunal avec notre peine à vie.

42
L'indemnisation des victimes

Il est indécent d'avoir à parler d'*indemnisation* des familles de victimes. L'être perdu est si « cher » que sa valeur n'a pas de prix. Comment mettre une somme face à une vie perdue et tant d'autres gâchées ?

Notre avocat nous engage pourtant à faire cette démarche. Nos neveux, Maman et mes sœurs peuvent aussi prétendre à être « dédommagés » pour le lourd préjudice subi. Nous avons un an après la dernière décision de justice pour faire cette demande.

Lors de la rédaction de leurs conclusions, les avocats des parties civiles avaient exigé que Fiona soit condamnée à verser des dommages et intérêts pour préjudice moral et autres frais de justice.

L'audience civile a lieu à la suite du procès et nécessite la seule présence du Président et des deux juges assesseurs. Elle dure quelques minutes tout au plus. Les avocats des parties civiles plaident pour un certain montant que l'avocat de l'accusée s'escrime à faire descendre. Le président de la Cour donne la décision sur le champ ou bien en délibéré. La CIVI, Commission d'indemnisation des victimes d'infractions, transmet la demande au Fonds de Garantie des Victimes qui indemnise ces dernières ou leurs ayants-droits au nom de la solidarité nationale, avant de se retourner contre la personne condamnée.

Nous avons été indemnisés mais Fiona n'était pas solvable. Le fonds de Garantie a pris le relais et revu le montant à la baisse.

Si la condamnée n'est pas en mesure de rembourser, le fonds de garantie dispose d'un recours à l'encontre de sa succession, à savoir ses enfants.

Dans cette histoire ce sont les enfants les premières victimes. Une aberration s'ils ont un jour à rembourser pour leur mère !

43
Des questions sans réponses

— Penses-tu qu'elle ait fait cela toute seule ? »

On me posait souvent la question. Je répondais catégoriquement :

— Oui, je pense qu'elle en est capable.

Elle avait un physique suffisamment charpenté et surtout un caractère bien trempé ! Jamais de panique chez ce personnage. Pas de place pour l'émotion. Elle allait « gérer », comme elle disait souvent. Du sang-froid, elle en a eu besoin pour commettre un tel acte ! Elle en a aussi sur les mains.

Son incarcération ne l'a en rien changé. Elle a repris le cours de sa vie comme si de rien n'était. Elle a trouvé un autre compagnon pour subvenir à ses besoins. S'est arrangée pour ne pas être solvable et ne rien devoir à l'État.

Oui, elle est capable d'avoir agi seule, je l'ai longtemps pensé car c'était la meilleure façon de ne pas être compromise par un tiers.

Mais aujourd'hui, je m'interroge : A-t-elle eu un complice ? Une personne plus pernicieuse qui l'aurait mise en première ligne et aurait échappé à la justice ?

Si l'on reprend les faits, Yves est sorti la veille du 25 février pour aller dîner dans un petit restaurant où il avait ses habitudes. Le restaurateur ne se souvient pas l'avoir vu.

Ensuite… Seule la version de Fiona est disponible.

Déclaration de Fiona *: Yves est rentré à six heures.*

Où a-t-il passé la nuit ? A-t-il dormi dans sa voiture ? Il était capable de s'assoupir n'importe où. Il faisait très froid cette nuit-là.

Nous n'avons aucune réponse sur l'endroit où il aurait pu être. Mais est-il vraiment sorti ?

Déclaration de Fiona *: « Il était ivre. »*

Où a-t-il bu ? Il n'y a pas de bar ouvert toute la nuit dans notre région. Était-il chez quelqu'un ? Aucune trace d'alcool n'a été décelée dans son organisme.

Elle : « Il *voulait faire l'amour.* »

Juste avant de partir ? Yves aurait voulu faire l'amour à sa femme et partir en même temps avec une autre ? C'est incohérent.

Elle : *« Nous avons parlé d'argent et nous nous sommes disputés. »*

Possible. Les trois enfants ont déclaré avoir entendu des éclats de voix qui les ont réveillés.

Elle *: » Il est parti avec une femme de vingt-cinq ans dans un Scénic gris. »*

Comment connaissait-elle son âge ? Je vois mal Yves dire à sa femme « je vais partir avec une fille, elle a vingt-cinq ans et sa voiture est un Scénic gris ! »

Puisqu'elle n'a pas couru après son mari et que le haut portail était fermé, comment a-t-elle fait pour voir la marque de la voiture et sa couleur ? Les femmes ne sont pas très attentives à cela.

Si Yves était supposé « partir » avec quelqu'un, pourquoi n'a-t-on pas retrouvé d'appels vers cette liaison supposée ?

Yves aurait-il décidé de rompre et de partir vraiment ? Aurait-elle voulu l'en empêcher ? Elle disait qu'elle ne divorcerait jamais ! »

Elle *: « Il est parti à huit heures, dix heures, midi, seize heures »*

À quelle heure est-il réellement « parti » ou plutôt à quelle heure et surtout quel jour est-il mort ? Le 25, le 26 ou le 27 février, jour où on l'a retrouvé dans la forêt ?

Elle : *« J'ai appelé ma sœur pour lui dire que finalement on ne déjeunerait pas ensemble car j'allais tenter de ramener Yves à la raison et le convaincre de ne pas partir. »*

Comment pouvait-elle le convaincre à midi de ne pas partir s'il l'avait quittée le matin ?

Elle : « *J'ai emmené les enfants chez la voisine à 7 h 30. Ma sœur est venue les chercher chez elle.* »

Pourquoi a-t-elle emmené les enfants chez la voisine alors qu'elle ne le fait jamais d'habitude ? Pourquoi cette dernière dit avoir conduit les enfants chez sa sœur ?

Elle : « *Yves rassemblait ses affaires dans le salon.* »

Pourquoi Justin a-t-il déclaré avoir vu son père endormi, allongé sur le lit conjugal avant d'être emmené par leur mère chez la voisine ?

Comment Yves pouvait-il dormir juste après s'être disputé avec sa femme et en ayant l'intention de partir ? Cela ne tient pas debout ! À moins de s'endormir par suite d'une ingestion d'un cocktail bien préparé ?

D'après les analyses toxicologiques, Yves a reçu une dose massive de somnifères, anxiolytiques et anti-dépresseurs. Pourtant la préméditation n'a pas été retenue car la preuve n'a pas été apportée que c'est *elle* qui les lui avait administrés. Fiona s'était rendue quelques jours avant chez le médecin pour se faire prescrire ces mêmes médicaments.

Quand a-t-il été drogué ? Combien de temps ?

Comment est-il mort ?

A-t-il pris un coup ou subi une chute ? Les deux ?

Est-il tombé dans l'escalier ?

L'a-t-on jeté par la fenêtre ?

À quel endroit l'a-t-on tué ?

S'est-il vu mourir ?

A-t-il souffert ?

On sait que sa mort a été très violente. Son foie a éclaté et ses vertèbres D5 et D6 ont été brisées.

Vers qui ont été ses dernières pensées ?

Elle : « J*'ai changé les moquettes et les ai emmenés avec le matelas à la déchèterie.* »

Pourquoi n'a-t-on pas trouvé trace de son passage là-bas ? Parce qu'elle les a déposés ailleurs ? Parce qu'ils étaient tachés de sang ?

Pourquoi a-t-elle entrepris des travaux dans la maison alors qu'elle s'apprêtait à déménager ?

Elle : « *Je suis allée au restaurant de mes parents le 25 au soir pour les informer du départ d'Yves*. »

Pourquoi a-t-elle bu le champagne avec eux ? Y avait-il quelque chose à fêter ?

Première supposition : Yves aurait surpris sa femme en compagnie d'un amant en rentrant au petit matin. Possible et tristement banal. Une personne suffisamment avertie pour faire disparaître les preuves et simuler des cambriolages ? Assez forte pour l'aider à transporter un corps inerte extrêmement lourd à déplacer ? Même mutilé, le corps de mon frère devait rester difficilement transportable seule, à moins de s'aider d'une bâche… ou de quelqu'un…

Au moment de la dispute, à la suite de la découverte d'un homme dans le lit de sa femme, Yves aurait reçu un coup d'un des deux amants et se serait affaissé sur le lit. Il semble dormir. Une fois « endormi », il était temps d'écarter les enfants et de les mettre chez la voisine puis de le faire « disparaître ».

Pourquoi est-elle restée seule chez elle les 25 et 26 février ? Était-elle réellement seule ? Avait-elle quelque chose à cacher à ses enfants pour les éloigner si longtemps de la maison, elle qui ne se séparait jamais d'eux ?

Et cette question qui me taraude de plus en plus souvent : A-t-elle eu un complice ?

Avec vingt ans de recul, je n'exclus plus cette possibilité.

Les enquêteurs ont-ils suffisamment exploité la piste d'une possible complicité ?

Tant de questions sans réponses !

44
Le pardon

Une journaliste m'interrogeait un jour sur ma capacité à pardonner. Le faire c'est savoir être grand, fort, généreux, se protéger, ne pas se laisser envahir par la haine, la rancœur.

Le pardon est la parure du soldat disait Gandhi. J'aimerais être ce soldat. Mais comment pardonner à une personne qui n'assume pas ses actes ? Fiona n'avouera pas malgré toutes les preuves accumulées contre elle. Elle s'est persuadée que ce n'était pas elle. Elle est dans un déni total. J'ai appris par la suite que, pour se protéger d'avoir commis des actes innommables, certains criminels arrivent à effacer de leur cerveau leurs souvenirs les plus horribles afin de pouvoir continuer à vivre comme si de rien n'était. Était-ce son cas ?

Lorsqu'un accusé avoue, il doit expliquer, se justifier, raconter.

Ma belle-sœur n'a jamais rien dit, se contentant de répéter : « c'est un complot ».

Mais qui pouvait conduire un complot contre elle ? Quelles en auraient été les raisons ? Se sentait-elle menacée ? Si l'on est vraiment innocent, on doit hurler sa révolte, se battre jusqu'au bout, aller en cassation ! Elle s'est arrêtée au procès en appel. Une condamnation de quinze ans lui convenait.

Il n'y a eu aucune réponse à nos questions. Que des suppositions. Pas de vérité. Pas d'aveu. Aucun regret formulé, pas d'excuses. Elle emportera son secret dans la tombe, cela lui évitera de s'y sentir seule. Alors, pardonner ? Impossible.

Quant à la vérité, je n'y crois plus trop. Mais j'espère encore. Quelqu'un qui, un jour, souhaiterait soulager sa conscience ? Il sera alors temps de réfléchir au pardon.

45

15 = 6

Fiona sera condamnée en première instance à vingt ans de prison, puis à quinze ans en appel. Elle sortira en septembre 2010 au bout de six ans et trois mois d'incarcération. J'apprendrai par mon avocat qu'un détenu n'effectue en réalité que neuf mois sur douze de condamnation. Il a droit systématiquement à une remise de peine de trois mois par année de condamnation qui peut même aller jusqu'à six mois pour bonne conduite. Fiona aura été meilleure élève en prison qu'à l'école car elle ne purgera même pas la moitié de sa peine !

Qui décide de la sortie des prévenus ? Le Juge des Libertés et de la détention qui joue un rôle majeur dans le système judiciaire mais dont on parle peu. La surpopulation carcérale les incite à faire sortir des prévenus qui se conduisent correctement et censés ne plus présenter de danger pour la société. Ce qui n'évite pas les récidives tristement célèbres.

Considérait-on que cette femme ait payé sa dette ? La vie de mon frère ne valait-elle que six ans ? Il n'a pas reçu une balle. Il a subi bien pire. Lors du procès, une inspectrice supplie la mère de l'accusée de persuader sa fille d'avouer. Seule façon de se libérer d'un poids qui va la ronger toute sa vie. En effet taire ses secrets provoque des lésions désastreuses sur le corps et l'esprit. Mais l'accusée n'avouera pas.

Après sa sortie, Fiona prendra la gérance d'un restaurant café tabac avec son nouveau compagnon, dans un département limitrophe de la Seine-et-Marne. Manon et Paul partiront vivre avec elle pendant un temps. Ils l'aideront de temps en temps pour se faire un peu d'argent et quelques pourboires. Justin passera parfois. Ils fêteront quelques noëls ensemble. Elle gardera son autorité maternelle sur eux, au propre comme au figuré.

Tout redeviendra comme avant. Ou presque. Elle reprendra sa vie, comme si de rien n'était.

Je ne la recroiserai jamais. Un de mes fils s'arrêtera un jour par le plus grand des hasards dans son restaurant pour un court déjeuner avec ses collègues de travail. Elle fera comme si de rien n'était tout en l'ayant sans doute reconnu.

Elle continuera de jouer son rôle, son éternel rôle.

J'ai appris récemment que Maman l'avait rencontrée un jour dans le bureau du juge aux affaires familiales quelques semaines après sa sortie de prison en 2010. Manon allait avoir seize ans et avait demandé son émancipation. Il fallait statuer à ce sujet. Comment Maman a-t-elle fait pour se retrouver face à elle déjà libre ? Encore une fois, je ne peux qu'admirer son courage.

Quant à mes neveux, petits soldats vaillants, ils continuent leur route bravement.

Justin a choisi la voie royale des Compagnons du Tour de France. Il a trouvé une famille de substitution. Il est devenu un excellent artisan et est passionné de chasse et de pêche. Il brûle la vie par les deux bouts. Il ressemble trait pour trait à Yves.

Manon, après avoir vécu des périodes tourmentées, s'est stabilisée. Elle s'est acheté une petite maison dans la même région que sa mère, a cessé de travailler avec elle au restaurant et trouvé un poste de commerciale qui lui convient bien. C'est une autodidacte qui mène son bout de chemin et avance. Elle a un caractère bien trempé. Elle est autonome. Je m'en félicite pour elle. L'amour qu'elle porte aux animaux, notamment aux chevaux et aux chiens, l'aide beaucoup dans son équilibre mental. Elle n'a pas d'enfant pour l'instant. Je l'ai revue récemment, cela m'a fait plaisir. Nos relations ont été compliquées mais sont plus apaisées désormais.

Paul termine ses études de droit. Il est le plus mature des trois et cherche à protéger ses aînés. Il est volontaire, courageux, très aimé.

J'ai une réelle admiration pour lui. Il a réussi par lui-même et grâce aux belles rencontres qui ont jalonné sa route.

Les enfants ont conservé des liens fraternels et je m'en réjouis. Ils ont des divergences parfois, comme dans toute fratrie.

J'aimerais qu'ils puissent réaliser leurs rêves et vivre sereinement. Ils méritent tous les trois une route bordée de roses sans épines.

Puissent-ils un jour dire à leurs enfants que leur grand-père était un chic type.

46
À mes fils

Ma famille a tenu bon durant toutes ces années de combat, mais une fois le point mis à cette histoire, elle n'a pas résisté davantage. Mon conjoint et moi nous sommes séparés en 2009. Nous avions traversé tant d'épreuves. Le tsunami a été plus fort que nous. Les séquelles étaient tellement importantes que rien n'aurait pu les cicatriser. On résiste souvent la durée nécessaire au combat parce qu'on n'a pas le choix. Puis quand il prend fin, la garde s'abaisse et tout s'écroule.

Je suis fière de mes trois fils qui ont fait preuve d'une grande générosité à l'égard de leurs cousins, d'une maturité exceptionnelle et d'un engagement de tous les instants à nos côtés. Leur vie a changé à partir du 25 février 2004 et plus encore après le 1er juin. Ils ont dû apprendre à vivre dans une ambiance pesante durant des années où les conversations des aînés ne les épargnaient pas. Il leur a fallu comprendre l'indisponibilité de leurs parents engagés dans un autre combat. Ils ont été à notre écoute et nous ont fait part de leur avis lorsque nous en avions besoin. Ils ont supporté nos états d'âme fluctuants. Je réalise que nous ne les avons pas suffisamment protégés. Impossible de m'en rendre compte à l'époque, j'étais en mode survie.

En juin 2004, Jean, mon aîné, est en deuxième année de sciences économiques. Il passe ses examens avec succès en pleine tourmente mais ne pourra pas s'inscrire en licence. La priorité étant donnée à notre histoire, nous avons laissé passer les dates d'inscription. Le rectorat refuse de prendre en compte notre situation particulière. Jean devra choisir un autre cursus. Il validera un master en langues étrangères trois ans plus tard.

Eric mon second prépare son baccalauréat section scientifique. Il est en pleine révision. Son caractère bien affirmé lui permettra d'affronter simultanément deux épreuves, l'une professionnelle, l'autre familiale. Il saura les gérer avec beaucoup de maturité. Je suis fière de l'avoir vu mener ses études d'ingénieur en plein chaos familial.

Mon plus jeune fils, Théo, âgé de dix ans, partagera sa Maman, avec qui il a une relation très fusionnelle. Il laissera suffisamment de place à Paul pour qu'il puisse s'épanouir dans notre famille. Son merveilleux sourire m'aidera à traverser toutes ces épreuves et les suivantes. Même si je sais que son sourire cache parfois des peines, tout comme moi. Nous avons beaucoup de points en commun, l'amour de la nature et des animaux. Il a suivi des études de paysagiste.

Je remercie mes trois chéris d'avoir su partager et donner. Les voir aujourd'hui heureux et indépendants est le plus beau des cadeaux. J'aimerais pouvoir leur dire tant de choses pour qu'ils comprennent enfin la suite de mon parcours. Leur expliquer qu'il m'a été impossible de reprendre ma vie d'avant, comme si rien ne s'était passé.

Merci à mon conjoint de s'être impliqué à mes côtés durant toute cette période. Il m'a assistée dans mes recherches, donné son avis quand j'en avais besoin, accompagnée dans les démarches administratives, conduite chez les avocats, séché mes larmes qui rougissaient mes yeux ravagés. Présent pour accompagner mes nuits sans sommeil. Présent chez les juges, au service d'aide éducative, aux deux procès d'assises. Totalement présent. Il a endossé le statut de tuteur avec beaucoup d'implication et de sérieux afin de protéger au mieux les intérêts de nos neveux. Parallèlement, il devait gérer l'entreprise familiale. Il a mené tout cela de front. Nous étions persuadés qu'après avoir traversé ensemble tout cela, il ne pouvait plus rien nous arriver. Mais un couple qui subit vents et marées se fracasse parfois en entrant au port. C'est ce qui nous est arrivé. Nous

nous sommes séparés dix-huit mois après la fin de cette histoire. Nos amis nous avaient mis en garde. Nous ne les avons pas écoutés.

Nous avions tant donné l'un et l'autre. Nous avons fini tous les deux en *burn-out*. Nous n'étions plus en mesure de nous soutenir et ne pouvions pas nous reconstruire ensemble. J'avais besoin de respirer, de vivre « normalement », de travailler pour penser à autre chose et tenter d'oublier. Mes enfants et leur père ne l'ont pas compris. Peut-être un jour réaliseront-ils que c'était le seul moyen pour leur Maman de retrouver un semblant de sérénité. Je l'espère du fond du cœur.

Le temps a passé. Je suis debout, après des années de combat et forte de ce passé douloureux.

Conclusion

Ce projet d'écriture me taraudait depuis de nombreuses années. J'avais commencé à plusieurs reprises et m'étais arrêtée. Vingt ans m'ont été nécessaires pour trouver la force d'affronter la rédaction de ce récit. Je suis fière d'avoir finalisé ce projet. C'est avant tout une victoire personnelle. Peu importe la destinée de ce livre, le voyage d'écriture a été difficile et apaisant à la fois. Je souhaitais aussi poser par écrit quelques questions qui subsistaient.

J'ai réalisé en écrivant que j'avais été capable de bouleverser ma vie pour l'amour de mon frère, de faire des choix et de les assumer, de prendre conscience de mes limites, de côtoyer une justice pas toujours juste. J'ai appris sur moi davantage que sur les autres. J'ai pris confiance en moi, réalisé des choses que je n'aurais jamais cru pouvoir faire. Notamment ce livre dont j'écris les dernières lignes, celles qui vous resteront lorsque vous aurez refermé ce livre pour sans doute ne plus jamais l'ouvrir. Si c'est le cas, faites-le circuler, ne le laissez pas s'endormir dans un placard, au nom de toutes les personnes disparues. C'est aussi pour elles que j'ai écrit. Le temps de cette lecture, la mémoire de mon frère a été honorée et je vous en remercie.

Une dernière pensée pour Maman pour qui j'ai un amour absolu. Elle me sert d'exemple chaque jour, pacifiste et unificatrice. Une force tranquille.

Et durant toute cette période d'écriture, j'ai navigué avec toi, Yves. C'était bon. Je te sentais là, tout près de moi. Je vais avoir du mal à te quitter mon petit frère chéri.

Remerciements

Merci à tous mes relecteurs et relectrices : Gérard mon premier lecteur qui m'a permis d'oser ! Annie qui m'a mise en contact avec mon éditeur Le Lys Bleu, Françoise ma fidèle amie qui, tellement prise par le récit en a oublié de me corriger les fautes !

Merci Maman d'avoir adhéré à mon projet d'écriture. Tu as été à mes côtés. Je sentais que tu avais envie de lire. Parfois j'occultais certains passages trop cruels pour t'éviter de revivre ces instants mais il était important de retracer la réalité, si douloureuse soit-elle. Merci pour la photo de couverture, cliché de notre enfance heureuse.

Merci à ma sœur aînée d'avoir enrichi mon récit par ses souvenirs.

Merci à Like mon chien adopté de m'avoir obligée à sortir régulièrement pour m'aérer entre deux écrits ou deux relectures.

Et enfin merci à Watt, à sa patience, à ses relectures, à sa présence à mes côtés quand j'ai douté, quand j'ai souffert, quand je me suis obstinée.

Et merci à toi Yves de m'avoir soutenu de là-haut.

Merci mon ange.

Imprimé en Allemagne
Achevé d'imprimer en février 2024
Dépôt légal : février 2024

Pour

Le Lys Bleu Éditions
40, rue du Louvre
75001 Paris